마침내,
부자

마침내,
부자

초판 1쇄 인쇄 2022년 6월 17일
초판 1쇄 발행 2022년 7월 10일

지은이 반지상
발행인 김태웅
기획·책임편집 이지은
디자인 [★]규
마케팅 총괄 나재승
제작 현대순

발행처 ㈜동양북스
등록 제2014-000055호
주소 서울시 마포구 동교로22길 14(04030)
구입 문의 전화 (02)337-1737 **팩스** (02)334-6624
내용 문의 전화 (02)337-1763 **이메일** dybooks2@gmail.com

ISBN 979-11-5768-813-5 03320

위기를 활용하는 두 친구의 월세 수업 이야기

마침내, 부자

반지상 지음

동양북스

자유로운 삶을 꿈꾸는 월급쟁이들께

이 책을 바칩니다.

투자에도 취향이 있다

공자가 경치 좋은 곳으로 소풍을 갔다. 깎아지른 폭포에 급류가 흐르고 있어 물고기도 헤엄치기 어려운 곳인데, 한 사내가 물속으로 뛰어들었다. 스스로 목숨을 끊으려는 줄 알고 급히 제자들을 보내 구하게 했더니, 사내는 제 발로 머리를 털며 물 밖으로 나와선 기분 좋게 노래를 불렀다. 공자가 다가가 물었다.

"하도 수영을 잘해서 귀신인 줄 알았습니다. 비결이 있습니까?"

"비결이랄 건 없습니다. 물이 소용돌이쳐서 빨려 들어가면 저도 같이 빨려 들어가고, 수면으로 솟아오르는 곳에서는 저도 같이 솟구쳐 나올 뿐입니다. 물길을 따를 뿐 따로 제가 어떻게 하겠다는 생각은 안 합니다."

_장자 달생 편

나는 강 위에 나룻배를 탄다. 상류에서 하류로 끝없이 이어지는 강물 위, 두 손에는 노를 쥐고 있다. 주변을 둘러보니 나와 비슷한 처지의 사람들은 노를 젓고 있다. 나 역시 자연스럽게 노를 젓는다. '왜 노를 저어야 하지?'라고 생각하지 않는다. 손에 노가 있으니 젓는다. 한참 동안 노를 젓다 보니 의문이 든다. 어디로 가야 할까? 다시 한번 주변을 둘러본다. 대다수는 강 상류로 향하고 있다. 약간은 상기되고, 피로에 찌든 얼굴이다. '목표는 강 상류, 정상이다!'라고 외치고 있다.

방향을 모를 땐 대다수가 하는 대로 움직이는 게 낫다. 그들과 똑같은 방향으로 뱃머리를 돌린다. 주변 사람들의 함성에 떠밀려 힘껏 노를 젓는다. 배는 조금씩 움직인다. 서서히 강 상류로 거슬러 오른다. 앞을 내다보니 정상이 희미하게 보이는 듯하다. 하지만 가야 할 길은 멀기만 하다.

관성에 따라 노를 젓다 보니 이왕이면 정상에 빨리 오르고 싶다는 생각이 든다. 특히 내 옆 사람보다는 속도를 내야 한다는 의무감이 생긴다. 남들보다 늦은 시간까지 노를 저어 본다. 삼나무로 만든 노를 카본 합금 소재로 교체해 본다. 앞서 간 선배에게 비결을 묻고 빠른 길로 가는 지도를 받아 본다. 남몰래 모터를 달아 보기도 한다. 그렇게 남들보다 조금 빨리 나아간다. 앞에는 5년 먼저 출발한 선배가 보인다. 뒤에는 2년 늦게 시작한 후배가 보인다. 앞사람과 거리가 멀어질수록 초조하다. 뒷사람과 거리가 가까워질수록 불안하다. 평생 노를 저으며 살아가야 할까? 앞서가고 있는 선배들의 모습이 부럽지 않고 뒤에 따라오는 후배의 모습은 행복해 보이지 않는다. 상류로 갈수록 길은 좁아지고 물살은 더욱 거칠어진다. 앞으로 나아갈수록 노를 젓는 데 뛰어난 사람들이 많다. 그런 상황에서 내 옆에 경쟁자보다 빨리 갈 자신이 없다.

고민 끝에 상류로 올라가면서 그들과 경쟁을 포기한다. 남들과 반대로 하류로 내려간다. 그리고 나만의 길을 찾기로 한다. 주변을 둘러보지만 나와 같은 방향으로 가는 사람은 없다. 주변 사람들과 반대로 움직이니 마음이 불편하다. 하류로 내려가는 길을 알려 주는 사람도 없다. 어떻게 하겠다는 생각은 하지 않고 물길을 따른다.

노를 젓는 것은 회사를 다니며 경제 활동을 하던 내 모습이다. 열심히 살아도 나아지는 것이 느껴지지 않았다. 회사를 그만두고 싶어도 당장 그만둘 수 없었다. 지금 퇴사한다면 내가 타고 있는 나룻배는 금방 침몰해 버릴 것 같았다.

회사 안에서 돈 버는 법을 알려 주는 사람은 있었다. 하지만 회사 밖에서 돈 버는 법을 알려 주는 사람은 없었다. 우연한 기회에 부동산 투자를 접하고 회사를 다니며 부동산 투자를 시작했다. 가진 돈이 많지 않다고 불평하지 않았다. 남들이 실행하는 방법이 아니라 나만의 방식을 찾았다. 사람들이 관심 많은 아파트, 상가, 오피스텔이 아니라 오래된 빌라를 구매했다. 부동산으로 시세 차익을 남긴다는 생각으로 접근하지 않았고, 월세를 받는다는 생각으로 30채의 낡은 빌라를 취득했다. 6년 동안 회사와 병행하며 월세를 월급만큼 만들어 회사를 그만두었다. 그동안의 경험을 바탕으로 첫 번째 책인 『강남 아파트보다 반지하가 좋다』를 출간했다. 책 내용을 바탕으로 부동산 수업을 개설하기도 했다. 수업하면서 경험한 내용을 유튜브에서 공유하는 중이다.

나와 이야기를 나눈 뒤 수십 채의 부동산을 보유하고 수백만 원의 월세를 받는 사람들이 생겼다. 내 교육을 듣고 책을 쓰고 강사로 활동하기도 한다. 내 수업을 듣고 부동산 강의를 만들어 수십만 명의 구독자를 보유한 유튜버가 된 사람도 있다.

나는 많은 사람들이 가는 길로 가지 않았다. 경쟁에 뛰어들기보다 나만의 길을 찾아 강물의 흐름대로 맞춰 갔다. 그러자 세상이라는 물길을 따를 때보다 원하는 바를 이루기가 더욱 쉬워졌다. 내가 목표로 정한 돈을 벌 수 있다. 유명해지고 싶다면 유명해질 수도 있고 경제적 자유 역시 이룰 수 있다.

남들이 가는 길을 따라가지 않고 자신만의 길을 찾고 싶은 사람들에게 이 책이 도움이 됐으면 한다. 더 이상 세상의 물살에 맞서지 않고, 억지로 몸에 힘을 주지 않아도 하류로 내려가다 보면 상류로 가는 길보다 힘을 주지 않아도 되고 길은 더 넓어진다는 것을 깨닫게 된다. 그리고 물살은 더 잔잔해진다.

2022년 봄

반지상

Contents

불안한 이유는
남과 다른 방법을 찾았기 때문이다

Chapter 03

흔들리지 않고 성공하는 투자는 없다

Chapter 04

자신만의 열쇠를 들고
그에 맞는 문을 찾아야 한다

Chapter 05

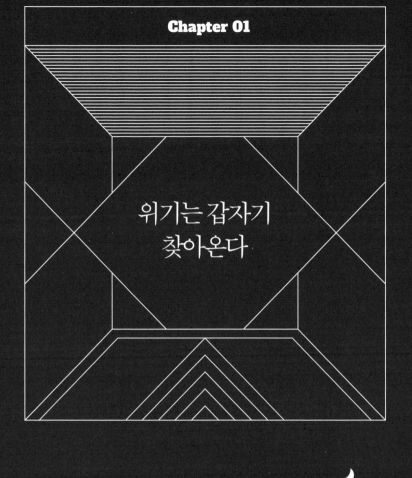

Chapter 01

위기는 갑자기
찾아온다

평범함

오늘도 야근이다. 할 일이 그렇게 많지는 않다. 다만 윗사람들이 퇴근 하지 않으니 나 역시 미뤄 놨던 일을 해야 한다. 야근이 필요 없다는 생각도 들지만 야근비가 나오니까 그렇게 기분 나쁜 일만도 아니다. 추가 수당은 평소의 1.5배다. 수당만 받아도 한 달 생활에 큰 보탬이 된다. 야근까지 하고 집에 돌아가면 밤 10시 30분이 훌쩍 넘는 시각. 이제부터가 진짜 내 시간이다. 놓친 예능을 보거나 스마트폰 게임을 하다 보면 어느새 자정이 지난다. 내일 출근을 해야 하니 억지로 잠을 청해 본다.

아침 7시 알람에 맞춰 억지로 눈을 떴다. 몸이 부서지고 수명이 짧아지는 기분이 딱 이런 느낌일까? 오늘은 화요일, 비슷한 생활이 반복되니 오늘이 무슨 요일인지 따로 상기해야 한다. 주말이 되려면 아직도 멀었다. 비타민 몇 알을 챙겨 먹고 출근길에 나선다. 언젠가는 회사를 탈피하리라 마음먹지만 아직까진 먼 일이라고 생각한다. 지하철에 앉아서 가고 정시에 퇴근할 수 있으면 좋겠다는 소박한 하루의 소원을 빌며 회사에 도착한다.

사실 숨도 쉬지 않고 일한다면 오늘 할 일은 점심시간 전까지 모두 끝낼 수 있을 것이다. 하지만 절대로 빨리 끝내지 않는다. 최대한 일하는 속도는 늦추고 분량을 늘린다. 팀장님이 "오늘은 모두 일찍 들어가지"라고 말씀하시면 오후 6시에 맞춰서 일을 끝낸다. "오늘은 저녁 먹고 하던 일을 마무리하고 가지"라고 말씀하시면 밤 9시 30분에 맞춰 일을 끝낸다. 특히 이런 날은 10분 정도 여유를 두고 양치하는 시간까지 계산한다.

가끔은 의도적으로 야근을 한다. 그래야 한 달에 주어지는 야근 수당을 모두 받을 수 있다. 이런 생각이 들 때 내 인생이 부끄럽고 초라해 보이기도 한다. 하지만 직원들도 대부분 암묵적으로 생계형 야근을 하고 있다. 나만 그런 것이 아니라고 자신을 위로한다.

월급쟁이가 된 지 8년이 넘었다. 취업 준비를 할 때는 회사만 들어간다면 인생의 모든 걸 바칠 거라 마음먹었다. 하지만 그 생각은 점점 무뎌지고 이제는 퇴근과 주말만 기다린다.

금요일 오후가 되면 기분이 좋지만 일요일 오후가 되면 가슴이 답답하다. 주말을 위해 평일을 살아간다. 오전 9시에 출근해서 저녁 6시에 퇴근하는 삶에 익숙해진다. 학교에 다닐 때 집에 가기 싫었는데, 회사에 들어오니 항상 빨리 집에 가고 싶다. 그만두고 싶고 쉬고 싶다는 생각이 하루에도 수십 번씩 든다. 하지만 요즘 같은 불경기에 대책

없이 퇴사한다는 건 그야말로 정신 나간 짓이 아닐까.

입사한 지 1년 만에 학자금 대출 2천만 원을 갚았지만 결혼하면서 숨 돌릴 틈도 없이 주택 담보 대출금이 또 생겼다. 매달 원금과 이자 1백만 원을 내며 30년 동안 갚아야 한다. 회사를 그만두고 싶어도 그만둘 수 없다. 앞날을 생각하면 눈앞이 깜깜하다. 미래에 대한 생각만 하면 한숨이 나온다. 앞날에 대한 생각은 일부러 피한다. 어떻게든 되겠지. 고민은 일단 미뤄 둔다. 냉장고를 열어 맥주 캔을 꺼낸다. 답답한 마음에 TV 리모컨을 누른다.

● ch.99 부동산 뉴스

서울 강남에 이어 마·용·성(마포·용산·성동) 부동산 시장에도 냉기가 퍼지고 있습니다. 고점 대비 1억 원 넘게 떨어진 급매물이 나왔습니다. 일부 단지에서는 낮은 가격에 거래가 이뤄지기 시작했습니다. 정부의 고강도 부동산 규제 영향으로 보입니다. 계속해서 정부는 부동산 보유세를 대폭 인상하며 집을 팔도록 압박하고 있습니다. 서울 부동산 시장이 대출 규제, 공시 가격 급등이라는 이중 악재 앞에서 휘청거리고 있습니다.

리모컨을 다시 누른다.

● ch.188 사회 뉴스

최근 한 달 사이에 회사의 갑질이 늘고 있습니다. 주로 무급 휴가나 연차 휴가 사용을 강요하는 내용이 많았고, 해고나 권고사직, 임금 삭감 같은 사례들이 있습니다. 최근 경기 불황으로 매출이 줄었다며 직원들을 무급으로 대기하게 하는 무급 휴가 사례가 가장 많이 나타났었는데요. 지난주 통계에 따르면 무급 휴가는 소폭으로 줄어든 반면 해고나 권고사직의 비율은 늘어났습니다. 기약 없는 무급 휴가 강요가 어려워 근로자를 해고하기 시작하는 것으로 보입니다.

빈 맥주 캔을 구겨 버린 다음 TV를 끈다. TV를 보고 있으면 현실이 더 무서워지고 허탈감이 커진다. 이런 상황에 내가 할 수 있는 건 아무것도 없다. 다시 잠을 청한다.

어색한
자유

눈을 떠 보니 아직 오전 7시다. 다시 이불을 머리 끝까지 덮는다. 매일 7시에 일어나던 습관 덕분에 그 시간이면 저절로 눈이 떠진다. 하지만 절대 일어나지 않는다. 주말이 오면 오전 늦게까지 억지로 잠을 잔다. 일주일 동안 부족했던 잠을 주말에 보충해야 한다고 생각한다. 다만 오늘은 친구의 결혼식이 있으니 준비하기 적당한 시간에 일어나야 한다. 침대와의 씨름 끝에 무거운 몸을 일으킨다. 물 한 잔을 마시고 스마트폰을 다시 확인하니 오전 9시 30분. 알림 메시지와 부재중 전화는 없다. 아내는 처가댁에 갔다. 오랜만에 맞이하는 자유. 욕실로 향하던 발걸음을 거실로 바꾼다. 소파에 누워 텔레비전 화면을 게슴츠레한 눈으로 응시한다. 타성에 젖어 세면대로 향하는 것보다 계속 누워서 텔레비전을 보는 것이 훨씬 더 쉽다. 이대로 시간이 멈췄으면 좋겠다.

씻고 결혼식장에 갈 준비를 하는 데에 10분이면 충분하다. 조금만 더 누워 있기로 했다. 네이버 메인 기사와 유튜브 추천 동영상을 본다. 구글의 인공지능이란 녀석이 내가 관심 있을 법한 영상을 연속적으로 보여 준다. 멈추고 싶어도 멈추기 쉽지 않다. 내친 김에 웹툰까지 정주행해야지.

그러다 갑자기 시간을 너무 낭비한 느낌이 든다. 그럴 땐 자기계발 영상을 시청한다. 부동산으로 수백억 부자가 된 사람, 주식으로 대박이 난 사람, 코인으로 퇴사한 사람, 성공한 사람들의 이야기에 귀를 기울인다. 하지만 그렇게 공감이 되지는 않는다. 돈 버는 방법에 관한 정보를 더 알게 될수록 마음이 편안해져야 하는데 오히려 더 불안해진다. 모순이다. 스마트폰 진동이 울린다. 발신자는 '베프 김현철'. 초록색 버튼을 누른다.

"영훈아, 어디야? 나 이제 출발하려고."

"어……, 나도 이제 옷 다 입었어. 나가려고."

겨우 몸을 일으켜 욕실로 향한다.

"식장 앞에서 만나. 좀 늦을 수도 있으니까 내 식권도 챙겨 줘."

"여전하구나. 이따 보자."

전화를 끊는다.

오랜만에 친구들을 만난다. 요즘은 결혼식이 아니면 친구들을 만날 일이 거의 없다. 이십 대 때는 거의 매일 만났는데 이제는 모두 바쁜지 모이기가 쉽지 않다. 솔직히 말하면 친구들과의 만남이 즐겁지 않다. 그래서 모임이 있어도 일과 가족 핑계로 둘러댔다. 친구들과 만

나면 대화의 주제는 크게 네 가지로 분류된다. 첫째, 자신에 관한 진짜 이야기를 뺀 나머지 이야기. 연예인 이야기, 친구가 진급한 이야기, 선배가 이혼한 이야기, 동료가 주식으로 돈을 왕창 번 이야기. 나는 그 이야기에 관심이 없다. 두 번째 주제는 과거에 관한 이야기다. 그때 그 주식을 주식을 팔았어야 했다거나 그때 집을 샀어야 했다는 이야기, 혹은 그때 회사를 옮겼어야 했다는 등의 후회에 관한 이야기이다. 세 번째로 이어서는 남의 탓을 하기 시작한다. 부장님 때문에 회사 다니기가 너무 힘들다고도 하고 정부 정책 때문에 아파트 값이 너무 올랐다고 불평한다. 주말엔 아이들 때문에 쉬지도 못한다는 이야기도 하고. 그러다 할 이야기가 떨어지면 마지막으로 불행 대결을 시작한다. "우리 회사는 일이 너무 많아. 어제도 11시에 퇴근했고 이게 며칠째인지 모르겠어." "그래도 너희 회사는 돈을 많이 주잖아. 우리 회사는 올해 연봉 동결이야." "말도 마. 우리 회사는 몇 년째 사람을 안 뽑아. 난 계속 팀 막내야." 같은 이야기로 마무리. 항상 이와 같은 패턴을 보여 준다. 그들은 나보다 규모가 크고 연봉이 높고 복지가 좋은 회사에 다닌다. 가끔은 불평인지 자랑인지 헷갈리기도 한다.

미적거리며 준비한 탓에 결혼식장에는 결국 조금 늦게 도착했다.

"저희 두 사람은 부부가 되는 이 자리에서 언제나 현명하고 지혜로운 남편과 아내로, 가슴 따뜻한 친구로 변함없이 서로의 곁에 남을 것을 양가 부모님과 하객을 모신 이 자리에서 서약합니다."

나는 손뼉을 친다. 사진을 찍는다. 결혼이란 두 사람에게는 가장 큰 인생의 축복이지만 하객들에겐 지루한 행사일 뿐이다.

"현철아, 내 식권 챙겨 놨지?"

"그럼. 근데 넌 밥 먹으러 왔나? 네가 좋아하는 뷔페다."

우리는 식당으로 향했다. 친구들 주변으로 자연스럽게 자리를 잡는다. 접시를 들고 한 바퀴 둘러본다. 결혼식 뷔페는 먹을 건 많지만 먹고 나면 무엇을 먹었는지 기억이 나지 않는다. 종류는 많은데 손이 가는 것이 많지 않다. 식사하면서 근황 이야기를 한다. 벌써 아이가 둘인 친구도 있고, 학부모가 된 친구도 있다. 승진한 친구도 있고, 이직한 친구도 있다. 벌써 머리가 벗겨진 친구도 있고, 이혼한 친구도 있다. 나이를 먹었다는 생각이 드는 것은 술을 살 때 신분증을 검사하지 않아서 느껴지는 게 아닌 것 같다. 친구들이 나이가 들었다는 생각이 들 때 나 역시 나이를 먹었다고 느껴지는 거다. 어느 정도 배를 채우고 나면 이야깃거리가 떨어진다. 그리고 그들은 또 같은 이야기를 시작한다.

"학교 다닐 때 영훈이는 밥만 먹으면 배가 아프다고 화장실에 갔잖아. 화장실 변기가 매번 막혔는데 오늘은 괜찮아?"

친구들이 웃는다. 나는 이 이야기가 별로 재미없다. 그 이야기를 수십 년째 반복한다. 그들은 과거에 빠져 있다. 현실이 답답하니 현재의 이야기는 하지 않는다. 미래를 생각할 겨를이 없다. 그래서 온통 과거 이야기만 한다.

"강이준 그 친구 퇴사했다며."

"요즘 같은 시국에? 어떻게 먹고 살려고?"

"경제적 자유인지 뭔지를 이뤘다고 말하던데?"

"책에서만 말하는 경제적 자유? 참, 팔자 좋다, 그 녀석. 그 친구 집에 돈이 좀 있나? 회사도 별 볼 일 없었던 것 같은데, 나도 당장 회사를 때려치우고 싶다."

"그런 이야기 그만하고, 오랜만에 모였는데 PC방이나 가자."

강이준, 그 친구 생각이 난다. 나와 같은 고등학교와 대학교를 나왔지만 그렇게 눈에 띄는 친구가 아니었다. 나보다 항상 공부를 못했던 기억이 있다. 나는 장학금을 받고 대학에 입학했고, 그 친구는 교내 OT 때 겨우 추가 합격했다. 그런 친구가 경제적인 자유를 누린다? 말만 들어도 배가 아프다.

변화에 대비하지 않은
대가

오전 9시 30분 본부장님께서 부서 전체 직원들을 소집한다. 별로 느낌이 좋지 않다. 회의실 공기가 무겁다.

"최근 건설 경기 침체로 회사의 경영 상태가 좋지 않습니다."

내가 입사한 이후로 건설 경기는 좋았던 적이 없다. '좋은 경기'는 사전에만 있는 단어 같다.

"매일 바쁜 업무로 고생하는 직원들의 마음을 잘 알고 있습니다."

오후 5시만 되면 자리를 비우고, 오로지 숫자로만 직원들을 판단하는 사람이 직원들의 노고를 알 리가 없다.

"다음 주부터 비상 경영 체제에 돌입합니다."

지난달에도 했던 말이다. 매일, 매시간이 비상 경영이다. 하루도 직원들을 가만 두지 않는다.

"필수 인력들을 제외한 직원들은 경기가 좋아질 때까지 격일 근무에 들어갑니다. 그리고 근무 시간이 절반으로 줄어드니 임금 역시 50% 삭감합니다. 사장단 회의에서 희망 퇴직으로 인원을 줄이자는 의견이 있었으나 격일 근무로 고통을 분담하자는 결정이 나왔습니다. 회사 측의 배려라고 생각해 주셨으면 합니다. 근무 스케줄은 인사 총무부를 통해 퇴근 전 게시판에 공지하겠습니다. 이런 말씀을 전해 드려 친애하는 직원 여러분께 송구스러울 따름입니다."

이번에는 조금 강력하다. 갑자기 눈앞이 깜깜하다. 어떻게 이렇게 중요한 사안을 직원들과 상의 없이 일방적으로 통보할 수 있지? 회사 노조는 왜 움직이지 않는 거지? 원망 섞인 목소리가 여기저기서 들려온다. 배신감이 든다.

몇 달 동안 회사의 큰 프로젝트 때문에 집에도 거의 가지 못했다. 회사를 위해 한눈팔지 않고 열심히 일에만 매달렸다. 밤과 낮, 새벽 시간, 주말과 연휴를 가리지 않고 회사를 위해 희생했다. 이제 한숨 돌리나 했는데 화가 치밀어 오른다. 이런 대우에 자존심이 상한다. 아니지. 그 정도 표현으론 부족하다. 사장실로 달려가 욕이라도 실컷 하고 싶다. 회사가 잘 될 때는 고생했다는 말 한 마디로 끝내고 이익은 사장이 다 가져가면서 회사가 어려워지니 직원들에게 책임을 지라고 말한다.

"김영훈 대리. 퇴근하고 소주 한잔하고 가자."

선배가 이야기한다. 이전 같으면 반사적으로 알겠다고 말한 뒤 회사 근처에 괜찮은 식당과 술집을 알아보고 예약했을 것이다. 그리고 같은 배를 타고 있는 동료들과 마음을 위로했겠지. 하지만 항상 술을 먹고 나면 중요한 것을 잊고 미룬다는 생각이 든다. 술을 마신다고 내 상황이 달라지지는 않는다.

회사에 맞추느라 언제나 배가 고프지 않아도 배가 고프다고 말했고, 바빠도 바쁘지 않다고 말했다. 잘 몰라도 안다고 말했고, 피곤해도 피곤하지 않다고 말했다. 술을 먹기 싫어도 먹고 싶다고 했고, 미안하지 않아도 죄송하다고 했다. 나는 누구보다 이런 말들을 잘했다. 회사 생활 속에서 나는 모순 덩어리였다.

"오늘은 일찍 들어갈게요. 집에 일이 있어서요."

오늘은 혼자 있고 싶다. 생각을 해야겠다. 내가 왜 이런 상황에 빠졌는지. 회사를 추궁하면 끝도 없다. 나 자신만 초라해진다. 어차피 달라지는 건 없다. 현실을 직시하자. 내 상황을 냉정하게 바라보자.

당분간 월급이 절반으로 줄어든다. 앞으로 몇 달 동안이나 50%의 월급으로 살아야 할지 알 수 없다. 과연 내가 얼마나 견딜 수 있을까? 통장 잔고를 확인해 본다.

아내 몰래 주식 투자를 하려고 만들어 놓았던 C뱅크 마이너스통장에 잔액 2천 5백만 원이 있다. 그 외에 저축은행에 비상금으로 한 달에 10만 원씩 모아둔 적금 5백만 원이 있다. 이게 몇 년간 취업 준비 끝에 회사에 입사하고 8년 차가 되는 37세 직장인의 민낯이다. 확인하고 보니 허무함이 밀려온다.

결혼하면서 영혼까지 끌어모아서 산 낡은 아파트 대출 이자와 원금이 한 달에 1백만 원 정도 나간다. 아이가 태어나면 차가 필요하다는 핑계로 구입한 자동차 할부금도 매달 50만 원 정도이다. 휴대 전화 할부 원금과 통신비를 합치면 한 달에 10만 원이다. 한 번도 혜택을 받아 본 적 없는 보험료는 20만 원 정도 나간다. 각종 공과금과 세금을 내면 숨만 쉬어도 한 달에 대략 2백만 원이 필요하다. 절반의 월급으로는 턱없이 부족하다.

몇 달은 버텨 볼 수 있겠지만 지금 이 상황은 여전히 한숨만 나온다. 주변의 모든 것이 나와 맞지 않다는 생각이 든다면 내가 무엇을 잘못한 게 분명하다. 무엇을 변화시켜야 할까? 어릴 때부터 어른들의 말을 잘 들었다. 언제나 공손했고, 친절했다. 입에는 '감사합니다'와 '미안합니다'를 달고 살았다. 부모님이 이끄는 대로 유치원과 초·중·고등학교를 졸업하고, 대학을 나왔다. 부모님 말씀에 항상 귀를 기울였고, 뉴스와 신문을 빼놓지 않고 보았다. 그런데 어디서부터 잘못된 건지 모르겠다. 왜 나에게 이런 시련을 주는 것인가? 난 잘못한 게 없는 것 같은데.

얼마 전 〈동물의 세계〉에서 본 여우원숭이가 생각난다. 현재는 주로 마다가스카르섬에 분포하는데 원래 그들의 조상은 그곳에 살지 않았다고 한다. 드넓은 아프리카 대륙에 살고 있었지만 새로운 원숭이들이 출현하면서 입지가 좁아졌다. 새로운 종들은 여우원숭이보다 더 공격적이고 육식을 즐겼으며 사회성이 더 강했다. 그들에 맞서 여우원숭이가 할 수 있는 일은 도망가는 일밖에 없었다. 여우원숭이들은 무리를 지어 마다가스카르섬으로 이주한다. 여우원숭이가 딱히 잘못한 건 없다. 그저 구닥다리가 되는 오류를 범했을 뿐이다.

나 역시 여우원숭이와 같았다. 내가 잘못한 건 특별히 없다. 그저 변화에 대비하지 않은 대가를 치른 것뿐이다. 나를 둘러싸고 있는 많은 것들은 계속 변한다. 어쩌면 나는 외부 상황이 바뀌는 것을 그냥 지켜보면서 한탄만 했는지 모른다. 내가 그대로인 것에 반성해야 한다. 이제는 움직여야 한다. 그런데 구체적으로 무엇을 해야 할지 모르겠다. 무엇보다 당장 아내에겐 뭐라고 말해야 하지?

잉여
인간

"여보 회사 다녀올게."

오늘은 회사가 아니라 카페로 출근하는 날이다. 여느 때와 다름 없이 정장을 차려입고 아침 7시 30분에 집 밖으로 나선다. 격일 근무를 한 지 일주일이 지났다. 아직은 아내에게 말할 용기가 나지 않는다. 적당한 때에 아내에게 말해야겠다고 생각한다. 집에서 어느 정도 떨어진 거리의 카페로 향한다. 도로는 차들로 꽉 차 있다. 사람들은 바쁘게 길을 걸어간다. 세상에 나 혼자만 한가한 것 같다. 눈앞에서 가로수 이파리가 떨어진다. 연민이 느껴진다. 나뭇잎은 나무가 없으면 생존할 수 없다. 줄기를 통해 영양분을 공급받아야 살 수 있다. 나 역시 회사가 없으면 생존할 수 없다. 회사에서 월급을 받아야 살 수 있다.

회사는 나와 가족의 생존이 달려 있는 월급을 한 마디 말로 반으로 줄어 버렸다. 죽지 않을 만큼 월급을 준다. 내일부터 그만 나오겠다고 멋지게 말하고 회사를 박차고 나오고 싶은데 그런 장면은 영화에서나 가능한 것 같다. 이런 불경기에 어떤 회사에서 나를 받아줄까? 누군가 회사는 전쟁터이고 밖은 지옥이라고 하지 않던가. 전쟁터에서 보급이 줄어드는 날도 있지 않느냐고 마음을 위로한다. 며칠 전까지 일에 치여 살 땐 일주일만 쉬었으면 좋겠다는 생각을 했다. 그런데 막상 격일 근무를 하고 강제로 일을 쉰다고 생각하니 회사가 그리워진다. 직장에 있을 땐 그만두고 싶어 안달했다. 직장을 떠나 있으니 가고 싶어 안달한다. 생각과 현실의 괴리가 느껴진다.

"드립 커피 작은 사이즈로 한 잔 부탁드립니다."

집에서 챙겨 온 텀블러와 30% 청구 할인이 가능한 신용카드를 내민다.

"텀블러 할인해서 3천 6백 원입니다. 다른 건 필요 없으세요?"

"네…… 괜찮습니다. 마일리지 적립도 부탁드립니다."

"커피 내리는 데 5분 정도 걸립니다."

"알겠습니다."

2층으로 올라가 구석 창가로 자리를 잡는다. 며칠 전, 눈여겨보았던 카페로 거처를 옮겼다. 층이 구분되어 있어 위층에 있으면 아르바이트생이 거의 올라오지 않는다. 커피 한 잔만 시켜도 눈치를 보지 않고 퇴근 시간까지 버틸 수 있다. 평일 오전에는 세상 사람들 모두 회사에 있는 줄 알았는데 네댓 명의 사람들이 카페에 앉아 있다. 그들은 어딘가로 통화를 하거나, 이어폰을 끼고 스마트폰을 바라본다. 혹은 신문을 보고 있거나, 노트북 앞에서 열심히 타이핑을 하고 있다. 창밖으로는 말끔하게 정장을 차려입은 사람들이 지나간다. 부럽기도 하다. 세상 사람들은 모두가 자신만의 일이 있는데 나만 그렇지 못한 것 같다. 나는 세상에 필요 없는 사람은 아닐까?

내가 정한 퇴근 시간까지 9시간이 남았다. 무궁무진한 시간을 무엇으로 채워야 할지 고민이다. 출근하는 날은 잠자는 시간과 업무 시간, 출퇴근 시간을 제외하고 하루에 5시간 정도만 계획을 세우면 되었다. 쉬는 날은 회사원보다 3배 이상의 시간을 계획해야 한다. 생각 없이 하루를 보내면 시간은 순식간에 지나간다. 아무것도 남는 게 없는 날이 계속된다. 그런 날을 계속 보내면 무기력, 자존감 상실, 우울감이 찾아오고 내가 잉여 인간이 된 것 같은 기분이 들 것이다.

그런데 무슨 일을 해야 할지 모르겠다. 가만히 있으니 뒤처지는 느낌이다. 지금까지 살면서 나는 언제나 다음 할 일이 있었고 답이 정해져 있었다. 그리고 언제나 머릿속에는 타이머가 울리고 있었다. 초등학교를 졸업하면,

'띵동, 이제 정해진 과정대로 중·고등학교에 진학하면 됩니다.'

"알겠습니다. 6년을 마쳤습니다. 다음은 어디로 가면 되나요?"

'띵동, 대학교를 가세요. 남들과 비슷한 속도로 가고 있습니다.'

"알겠습니다. 미리 길을 정해 주셔서 고민할 필요가 없어 편하네요. 쉬지 않고 달려왔는데 잠깐 쉴 수 있을까요?"

'띵동, 앞으로 2년 후에 휴학을 하고 군대에 갑니다. 현재 속도는 남들보다 1.3개월가량 뒤처져 있습니다. 조금만 힘내세요. 거기서 쉬

시면 됩니다.'

"아… 감사합니다. 조금 더 힘을 내겠습니다."

'띵동, 제대했으니 이제 졸업하기 전 취업을 하셔야 합니다. 가능하면 부모님이 만족하고 남들이 부러워할 만한 회사에 들어가세요. 먼저 공인 영어 점수를 가능한 높게 받아야 합니다. 컴퓨터 활용, 기사, 한자 1급 등 최대한 많은 자격증을 따야 합니다.'

"알겠습니다. 주변 사람들도 그렇게 하고 있으니 맞는 것 같네요."

'띵동, 속도를 조금 더 내세요. 10.4개월 정도 뒤처졌습니다.'

"네. 남들처럼 바로 취업하기가 쉽지 않네요. 더 열심히 달리겠습니다. 조금만 더 하면 취업할 수 있을 것 같습니다."

'띵동, 입사를 축하드립니다. 남들보다 14.5개월 뒤처져 있습니다. 회사에서 조기 진급을 하셔야 합니다. 그래야 다른 사람들을 따라잡을 수 있습니다.'

"알겠습니다. 그런데 마음이 불편합니다. 제가 잘 가고 있는 게 맞나요?"

'띵...동..., 그런 생각할 필요 없습니다. 그런 생각을 하는 사이에 또다시 1분가량 지체했습니다.'

"알겠습니다. 그런데 회사에 위기가 왔습니다. 이제 어떻게 해야 할까요?"

'띠.ㅇ...ㄷ..ㅗ..ㅇ, 다시 1. 자격증을 더 준비하세요. 2. 영어 공부를 하세요. 아니면 3. 대학원을 가세요. 지체할 시간이 없습니다. 남들보다 더 늦어지고 있습니다.'

나는 머릿속의 타이머를 꺼 버린다. 인생을 살면서 한 번도 '왜' 가야 하는지 생각해 보지 않았다. 항상 '조금만 더'라는 말만 반복했다. 남들이 가니까 나도 움직였다. 타이머의 이야기를 생각해 본다. 아니, 의심해 본다.

1. 자격증 공부를 한다.

지금 가지고 있는 것보다 한 단계 높은 자격증을 취득하려면 최소 1~2년은 준비해야 한다. 그 자격증을 가지고 있는 선배들도 회사의 위기 앞에선 나와 다르지 않다. 따라서 이 자격증을 취득하고도 문제가 생기면 난이도가 더 높은 자격증을 취득해야 할 것이다. 또 문제가 생기면 더욱 높은 단계의 자격증을 취득해야 하겠지. 끝이 없을 것 같다.

~~1. 자격증 공부를 한다.~~

삭제.

2. 영어 시험 공부를 한다.

가장 의문스러운 게 영어 공부다. 회사에서 단 한 번도 영어를 써 본 적이 없다. 그런데 사람들은 영어를 잘하면 평생의 고민이 해결될 것처럼 말한다. 영어가 나를 위기에서 구할 수 있을까?

~~2. 영어 시험 공부를 한다.~~

2번도 삭제.

3. 대학원을 간다.

대학교 학자금을 다 갚은 지도 얼마 되지 않았다. 대학원 학비는 더 비싸

다. 더 큰 빚쟁이가 되고 싶지 않다.

3. 대학원을 간다.

3번도 삭제.

이전에는 의구심을 갖지 않고 움직였다. 남들이 다 그렇게 행동
하니 의심하지 않았다. 가만히 있으면 몸은 편하지만 마음은 불편하
다. 움직이면 몸은 힘들지만 마음은 편하다. 나는 몸의 편함보다 마음
의 편함을 좋아했다. 그래서 끊임없이 움직이기만 했다. 그리고 무조
건 빨리 달리면 좋은 거라 생각했다. 이제는 가슴이 답답하다. 어디로
가는지 모르겠다. 그러면 차라리 멈추고 쉬는 게 나을 것이다. 멈춰야
생각할 수 있다. 쉬어야 충전할 수 있다. 그래서 이번엔 조금 불편한
상태로 있어 보기로 했다.

Chapter 02

기회는 위기의
얼굴을 하고 있다

먹고사는
문제

불안한 마음에 구직 사이트를 둘러본다. 지금 다니는 회사보다도 마음에 들지 않는 회사들뿐이다. 마음이 급하다고 아무 회사나 취업할 수는 없다. 현재 회사가 언제 다시 정상 근무를 할지 모르니까. 마이너스 통장으로 다시 주식 투자를 해 볼까? 편의점 알바나 대리 운전이라도 해야 하나? 부담 없이 내가 원할 때 일하고 싶은 만큼만 할 수 있다는 일일 배송과 배달 알바도 알아본다. 그러나 모두 마음에 들지 않아서 한숨만 나온다.

"영훈아. 너 김영훈 맞지?"

갑자기 옆에서 낯선 목소리가 들렸다. 이 장소에서 나를 알 만한 사람이 없을 텐데?

"나 기억 안 나니? 나 강이준이야."

강이준, 같은 고등학교 다녔고 유일하게 같은 대학에 갔다. 그래서 학기 초에 몇 번 학생 식당에서 식사를 같이 한 적이 있다. 학교에서 마주치면 인사만 했고 그 이후로 자연스럽게 멀어졌다. 그 뒤로 10년이 지났다. 오랜만에 만났지만 어색하지는 않다.

"어! 그럼, 기억나지 이준아. 평일 오전에 여기엔 어쩐 일이야?"

"난 이 근처에 살고 있어. 그리고 이 카페로 출근한 지 벌써 1년이 넘었고. 너야말로 이 시간에 어쩐 일이야?"

그가 내 앞자리에 앉는다. 세련되지 않은 붉은색 후드티와 청바지를 입고 있다. 어린 시절 알던 분위기와 달라 보인다. 목소리에 자신감이 느껴진다.

"출근? 아…… 얼마 전 친구 결혼식에서 네 이야기 들었어. 퇴사했다던데 그게 1년 전이었구나. 신기하다. 이런 곳에서 만날 줄이야. 그런데 여기에 출근한다는 게 무슨 말이야? 회사는 다니지 않는 거야? 무슨 일을 하는 거야? 너 결혼도 한 걸로 알고 있는데 그럼 어떻게 먹고사는 거야?"

"야, 하나씩 물어봐. 회사는 1년 전쯤에 그만뒀어. 하고 싶은 일이 생겼거든."

"하고 싶은 일이 있어서 회사를 그만뒀다고? 너 팔자 좋다. 하고 싶은 일이라는 게 뭔데?"

"사람들하고 수다 떠는 일."

잠시 그가 정신 나간 사람이 아닌가 생각했다.

"무슨 말이야? 나 놀리는 거 아니지? 수다를 떨고 싶어서 회사를 그만뒀다고? 그렇게 말해도 아내가 가만히 있니?"

"하하하. 그건 걱정하지 마. 내가 무슨 일을 할 때 가장 즐거운지 알게 됐거든. 사람들과 이야기할 때와 맛있는 음식을 먹을 때야. 특히 이야기하면서 먹을 땐 가장 행복하지. 잘 생각해 봐. 우리 고등학교 때 선생님의 눈을 피해서 떠들 때 얼마나 재미있었었는지."

고도 자본주의 사회의 피해자가 여기 있다는 생각이 든다. 무슨 이야기를 하는지 이해할 수 없다. 같은 언어를 쓰는데 이야기가 통하지 않는다. 다른 세상 이야기를 하는 것 같다.

"먹고 떠들기 위해서 회사를 그만뒀다는 사람은 네가 처음이다. 로또라도 당첨된 거야?"

"그런 건 아니지. 먹고사는 문제는 해결해 놨거든. 그랬더니 그다음부터는 돈을 첫 번째로 생각하지 않을 수 있었어. 그리고 정말 내가 하고 싶은 일을 할 수 있게 되더라고."

"그래. 별로 이해는 되지 않지만, 네가 말한 그 먹고사는 문제는 어떻게 해결한 거야?"

"회사를 다니면서 현금 흐름이 발생하는 부동산을 계속 구입하는 것을 병행했어."

"현금 흐름? 그게 뭔데?"

"쉽게 말하면 월세가 나오는 부동산에 투자한 거야."

이준이네 집은 경제적으로 넉넉하지 않은 편이라고 알고 있었다. 그리고 내가 다니고 있는 회사보다 훨씬 월급이 적은 회사를 다녔던 것도 알고 있다.

"그렇게 부동산 투자를 하려면 돈이 많아야 하는 거 아니야? 적어도 1억~2억 원 정도 말이야. 돈을 많이 모았나 봐?"

"너도 알겠지만 우리 부모님이 돈이 많은 것도 아니고 내가 다녔던 회사 역시 월급을 많이 주는 곳은 아니었어."

"그런데 무슨 돈으로 현금이 필요한 투자를 한 거야? 월세로 먹고사는 문제를 해결하려면 돈이 얼마나 있어야 해? 적어도 몇억 원은 투자했을 것 같은데?"

"하하하. 내가 그런 돈이 어디 있겠냐? 네가 생각하는 아파트, 오피스텔 같은 부동산은 아니야."

"그럼 어떤 건데?"

"오래된 빌라."

"야, 정신 차려라. 돈도 되지 않을 낡은 빌라에 왜 투자한 거야? 아파트 분양권, 청약, 상가, 오피스텔 이런 게 아니고?"

"맞아. 사람들이 일반적으로 그런 생각을 가지고 있기 때문에 오래된 빌라를 구입했어. 고등학교 때 우리 담임 선생님이 하신 말씀 기억해? '소문난 잔치집에는 먹을 게 없다. 먹을 게 없는 이유는 기대에 미치지 못해서가 아니다. 이미 너무 많은 사람이 다녀갔기 때문에 먹을 게 남아 있지 않은 것이다'라는 이야기 말이야."

"그런 걸 아직까지 기억하겠냐."

"맞아. 나도 그때는 이해를 못 했는데, 오래된 빌라를 구매하면서 깨닫게 된 것 같아. 회사를 그만두고 하고 싶은 일을 하기 위해서 여러 가지를 생각했어. 당장 회사를 그만두고 싶었지만 우리는 생계를 책임져야 하잖아. 회사를 다니면서 할 수 있는 일을 찾아야 하는데 부동산만한 게 없더라고. 그래서 네가 아까 말한 사람들이 좋아하는 부동산을 구입하려고 알아봤지. 하지만 그건 사람들의 관심이 너무 많아서 비쌌어. 그래서 나와는 별로 맞지 않더라고."

"맞지 않다는 말이 무슨 말이야?"

"너도 알다시피 나는 돈이 많지 않잖아. 하나를 구입하면 그걸로 끝이더라고. 계속 부동산이 오를 때까지 기다려야 해. 희망에 도박을 거는 느낌이 들었어. 성공하면 자유를 얻고, 실패하면 영원히 구속된다. 회전식 리볼버 연발 권총에 하나의 총알만 장전하고, 머리에 총을 겨누어 방아쇠를 당기는 목숨을 건 게임. 마치 러시안룰렛 같았거든."

"표현이 조금 과한 것 같아."

"아 미안. 나는 그 정도로 회사를 그만둬야겠다는 의지가 강했어. 하지만 내가 투자한 아파트가 오를 때까지 기다리고 있을 수만은 없었지. 10년, 20년 후가 아니라 젊었을 때 퇴사해서 내가 하고 싶은 일을 하고 싶었거든."

"그래서 겨우 낡은 빌라에 투자를 한 거야?"

"맞아. 네가 겨우라고 표현한 것도 이해가 돼. 한편으로는 '겨우'라고 말해서 기분도 좋아. 영훈아 너한테 한번 물어볼게. 세상에 단점만 가지고 있는 게 존재할까?"

"무슨 뚱딴지같은 소리야?"

"우리 생각을 의심해 볼 필요가 있어. 우리가 고정 관념을 가지고 있는 건 아닐까? 내가 단점만을 바라본 건 아닐까? 생각해 봤더니 세상에 안 좋은 점만 가지고 있는 건 없다는 결론에 도달했어. 너 자신도 장점이 있고 단점이 있는 것처럼, 세상에 장점만 가지고 있는 사람은 없잖아."

"그렇지."

"범위를 넓혀서 생각해 보면 모든 사물도 장점만 가지고 있는 건 없겠지?"

"뭐…… 그렇다고 생각해."

"그러면 모든 투자도 장점만 있는 건 없지 않을까? 그리고 부동산 투자도 그렇고."

"그렇게 생각해."

"그래, 그러면 네가 아까 말한 아파트, 분양권, 청약, 상가, 오피스텔에도 장점도 있지만 단점도 분명히 있겠지?"

"별로 생각해 본 적은 없지만 그럴 것 같아."

"반대로 내가 투자한 낡은 빌라도 단점이 있지만, 반대로 장점도 있는 것이 당연하고."

"으……응."

"그래서 오래된 빌라에 투자한 거야. 대다수 사람들은 낡은 빌라의 단점을 보고 투자하지 않았지만 나는 장점을 보고 투자한 거지."

묘하게 설득된다. 나는 지금까지 살면서 세상의 말을 의심해 보지 않았다. 사람들이 좋다고 하면 나에게도 좋을 것이라고 생각했다. 사람들이 좋지 않다고 말하면 나에게도 좋지 않을 거라고 생각했다. 불현듯, 예전에 학점을 채우기 위해 수강했던 교양 철학 수업에서 들었던 내용이 생각난다.

● 에피스테메

프랑스의 철학자 미셸 푸코는 어느 시대이든 한 사회 안에서 '이것은 이상이다'라고 제시한 기준이 있다고 한다. 가령, 졸업하고 안정적인 직장을 가져야 한다거나 부동산 투자는 아파트가 답이다. 월급쟁이는 하루에 8시간 일해야 한다, 월급 받는 건 원래 힘든 일이다, 30년 동안 일하면 노후에는 편하게 쉴 수 있다는 주장 등이다.

사물의 특성을 한 방식으로 인식하고 특정한 방식으로 질서를 만드는 것, 사회의 진리 같은 것들을 '에피스테메'라고 한다.

'에피스테메'가 되기 위한 자격 요건은 다음과 같다.

1. 권위가 있는 사람이 말해야 한다.
2. 한 사람보다 여러 사람이 말할 때 힘이 생긴다.

예를 들어 내가 사람들에게 A 연예인이 B와 사귄다는 말을 할 경우 별로 신빙성이 없다. 하지만 내가 한 말을 C도 하고 D도 하면 상대방은 점점 더 믿게 된다. 반면 내가 유명한 신문사 연예부 편집장이라면 상대방은 더 쉽게 믿을 것이다. 하지만 연애 기사가 사실일까? 이 시대의 진리일까? 그것은 알 수 없다. 따라서 시대의 에피스테메를 의심해야 한다.

친구 하나가 낡은 빌라 투자를 좋은 투자라고 말하니 별로 신뢰가 생기지 않는다. 하지만 그 이야기를 회사 동료, 부모님, 부동산 전문가도 말한다면 의심하지 않았을 것이다. 나는 아파트, 분양권, 청약, 상가, 오피스텔이 정말 좋은 건지 확인해 보지 않았다. 이것들이 좋은 투자라고 생각한 건 시대의 에피스테메였다. 나는 선입견을 가지고 있었다. 많은 사람들이 말하면 의심하지 않았고, 전문가가 말하면 신뢰했다. 성찰을 통해 나만의 생각을 키워 나가기보다 남들과 똑같아지려고 했다. 하지만 이준이는 세상의 말과 전문가의 의견을 의심했다.

세상의
장점과 단점

···

"다시 처음으로 돌아가 보자. 그러면 장점과 단점은 누가 찾아내는 걸까? 영훈아 넌 아까 너 스스로에게 장점과 단점이 있다고 했지? 그럼 네 장점과 단점은 누가 찾아낸 거야?"

"글쎄…… 생각해 본 적 없는데."

갑자기 물어보니 당황스럽다. 취업 준비로 이력서를 작성할 때 이후론 나에 대해서 별로 생각해 본 적이 없다. 지인들은 나에게 성격이 좋은 편이고, 그래서 내 주변에 사람이 많다고 했다. 하지만 시간을 잘 지키지 않는다고 원망을 듣기도 한다. 그래서 나의 장점과 단점을 노트에 정리해 보았다.

- 장점 : 사교성이 있음.
- 단점 : 시간을 잘 지키지 못함.

이렇게 생각해 보니 나의 장점과 단점은 내가 생각한 게 아니라, 주변 사람들의 말을 듣고 판단한 것이라는 생각이 들었다.

"세상 사람들은 특징이 있어."

"어떤 건데?"

"잘하고 있는 점에 대해서는 굳이 말하지 않고, 관심 갖지 않아. 하지만 세상의 문제점이나 개선할 점은 잘 찾아내지. 단점을 찾아내는 건 선수야."

"그게 무슨 말이야?"

"언론에 대해 생각해 봐. 기자들은 비행기가 불시착한 이야기는 다뤄도 안전하게 목적지에 도착한 이야기는 다루지 않아. 지하철이 탈선한 이야기는 다뤄도 출퇴근길 회사원을 편리하게 이동시켜 주는 내용은 다루지 않지."

"들어 보니 일리가 좀 있는데?"

"이렇다 보니 문제가 없는 건 잘한 일이 아니고 당연한 일로 나도 모르게 인식하게 되는 거지."

이런 생각의 순환은 내 삶에도 깊게 침투해 있었다. 학교에서는 잘못한 일에 대해 혼이 난 경험이 많았고, 시험을 볼 땐 주로 틀린 문제에만 주목했다. 언제나 부족하고 잘못된 면을 보완하는 것에 집중했다. 회사 일을 하면서도 마찬가지였다. 외부 업체나 아래 직원의 업무를 검토하면서 그들의 문제점을 주로 찾았다. 잘한 점에 대해서는 말하지 않고 고쳐야 할 점을 이야기했다. 그래야 내가 능력 있는 사람이라고 생각할 것 같았고, 예리하고 꼼꼼한 사람으로 비칠 거라 생각했다. 하지만 그렇게 생각하고 행동하면 오히려 부정적이고 단점을 크게 보는 사람으로 변하기 쉽다.

"세상 사람들의 특징이 한 가지 더 있어."

"또 어떤 건데?"

"자기 자신이 남과 다르게 사는 것을 좋아하지 않고, 남이 자신과 다르게 사는 것도 좋아하지 않아."

"그건 또 무슨 말이야?"

"내가 회사원이면 다른 사람들도 회사를 다녀야 편안함을 느껴. 내가 국산차를 타면 다른 사람들도 국산차를 타야 내가 현명하게 판단하고 행동했다고 안심하지. 투자도 마찬가지야. 내가 아파트 투자를 하면 다른 사람들도 아파트 투자를 해야 한다고 생각하고, 내가 주식 투자를 하면 다른 사람도 주식에 투자해야 한다고 생각해. 이런 특성이 있기 때문에 다른 사람의 말을 들을 땐 주의를 기울여야 해. 항상 올바른 길로 인도하는 것은 아니거든. 심지어 그 길이 흙탕물일지라도 나와 같은 물에 있기를 바라지. 모두가 흙탕물에서 뒹구는 건 참을 수 있지만 다른 사람이 맑은 물에 들어가는 건 눈뜨고 보지 못해. 더구나 그게 내 옆 사람이라면 아마 생각하고 싶지 않을 거야."

"너무 생각이 비뚤어진 거 아니냐?"

이렇게 말했지만 내 정곡을 찔린 기분이다. 나는 언제나 옆 사람과 길을 나란히 했다. 속도와 방향을 맞추려 노력했다. 친구들이 대학을 갈 때 꼭 같이 가야겠다고 생각했다. 남들이 군대에 갈 때 나도 가고, 남들이 휴학할 때 나도 쉬고, 남들이 취업할 때 나도 해야 한다고 생각했다. 속도와 방향이 비슷하면 마음이 편했고, 늦거나 다르면 초조했다. 나는 남들과 다르게 간다는 걸 두려워하고 있었다.

"비뚤어졌다고? 그렇게 생각해도 상관없어. 나는 남들하고 다르게, 어쩌면 비뚤게 세상을 바라봤기 때문에 경제적인 자유를 누릴 수 있었거든."

"생각해 보니 네 말대로 내 장점과 단점은 내 생각이라기보다 다른 사람이 말한 것을 그대로 믿은 것 같아. 그 말이 나는 당연히 맞다고 생각하고 살아온 거지. 내 눈보다 남들의 눈을 더 신뢰한 것 같아."

"그래. 그걸 느꼈다면 다행이다."

"그래서 넌 사람들이 좋지 않다고 생각하는 낡은 빌라를 구매했구나. 사람들의 말은 선입관이라고 생각하고 말이야. 세상에 단점만 있는 건 없으니 빌라의 장점을 찾아낸 거고. 확실히는 모르겠지만 오래된 빌라는 사람들의 관심이 많지 않아서 싸게 살 수 있다는 생각이 드는데."

"맞아. 그래서 내가 적은 돈을 투자했어도 경제적 자유를 이룰 수 있었던 거야."

"훌륭하다, 너. 예전과 다른데? 어떻게 이런 생각을 하게 됐어?"

"내 삶에도 위기가 있었거든."

"위기? 어떤 위기?"

그의 이야기에 관심이 생겼다. 같이 학교 다닐 땐 느끼지 못했던 동질감을 느끼고 있었다.

"회사가 한두 달씩 월급을 연체하더니 결국 기업 회생 절차를 신청했어. 거의 5년을 그런 상태로 회사를 다녔지."

"아 그랬구나. 그런데 너희 회사 아직도 잘 있는 것 같던데?"

"맞아. 지금은 정상화됐어. 하지만 그때 느꼈지. 회사는 나를 책임져 주는 곳이 아니라는 걸. 그래서 회사에 있으면서 떠나는 날을 계속 준비한 거야."

"그래도 나름 튼튼한 회사라고 생각했는데, 의외네."

"월급만큼 월세를 모았을 때, 회사를 그만뒀어. 그랬더니 하고 싶은 일이 생기더라고."

"사람들하고 수다 떠는 일?"

"하하하, 맞아. 구체적으로 말하면 월급쟁이들이 경제적인 자유를 얻도록 도와주고 싶더라고. 회사가 어려움에 빠졌을 때 가장 고민했던 부분은 무엇을 해야 할지 잘 모르겠다는 점이었거든. 주변에서 행동하는 방법을 알려 주는 사람은 아무도 없었어. 혼자서는 답을 찾기 어려웠지."

"그런데 그 방법을 알고 있는 사람이 많이 있을까?"

"그것도 그렇지. 사람들은 자신에게 경제적 위기가 닥쳤을 때 어떻게 행동해야 하는지 잘 모르는 것 같아. 대부분은 정치가들을 비판하거나 회사 사장을 비난해. 아니면 자기 자신을 비하하기도 하고. 그때 깨달았어. 내가 시행착오를 겪으며 알아낸, 경제적인 자유를 이루고 꿈을 찾는 방법을 다른 사람에게 알려 줘야겠다고. 자신이 어떤 걸 좋아하는지 서로 이야기 나누면서, 그러니까 수다를 떨면서 자신에게 맞는 일을 찾는 걸 도와주기로 한 셈이지."

"재미있어 보인다. 그 방법이란 게 어떤 건데?"

"하하하. 처음부터 설명하려면 너무 길 것 같아. 그런데 넌 왜 이 시간에 여기에 있는 거야?"

"아. 사실은 나도 네가 말한 '어떻게 행동해야 하는지 모르는 사람' 중 한 명이야."

"너도 회사에 무슨 일이 있구나?"

"맞아. 회사에서 경영난을 이유로 격일 근무를 통보하더라고. 그래서 월급은 50%가 줄었고, 회사에 가지 않는 날은 카페로 출근하는 상태야. 당분간 반백수 신세가 됐어. 다른 회사로 옮길까 알아봤는데 마땅한 곳이 없네. 솔직히 말하면 이 문제를 어떻게 해결해야 할지 정말 모르겠어."

"그 마음 나도 잘 알아. 잘 고민해 봐. 삶의 위기가 너 자신을 성장시킬 수 있는 기회가 될 거야. 생각하지 못하는 곳에 분명히 실마리가 있을 거야. 해결책이 없다면 애초에 문제도 없다는 말이 있거든."

무슨 이야기인지 잘 이해는 가지 않았다. 하지만 알 수 없는 이끌림을 느꼈다. 친구는 10년 전과 겉모습은 변함이 없었지만 속은 완전히 다른 사람이 된 것 같았다. 어떻게 이토록 달라졌을까? 비결을 물어보고 싶지만 용기가 나지 않는다.

"내가 경제적 자유를 이루게 된 과정을 설명해 줄 수 있어. 어쩌면 네게 도움이 될 수 있을 거야. 물론 네가 원한다면."

그가 내 마음을 훤히 들여다보는 것 같다.

"정말이야?"

"그럼, 너라면 나보다 더 잘 해낼 수 있을 거야. 학생 때도 네가 뭐든지 나보다 잘했잖아. 퇴사를 준비하는 과정을 기록해 놓은 자료도 있어. 내일부터 시작하자."

당장 내일이라고 말하니 걱정이 된다. 항상 결정의 순간에는 고민이 따른다. 내 머리 속에서 빠르게 고민을 정리해 보았다.

걱정 1. 이 시간 동안 다른 회사에 이력서를 쓸 수 있다.

ㄴ 이력서를 쓰는 건 하루 종일 걸리는 일은 아니다. 수업을 듣고 작성해도 큰 지장이 없다.

걱정 2. 간단한 아르바이트라도 해야 생계에 보탬이 될 돈을 벌 수 있다.

ㄴ 당장 생활비가 없어 굶어 죽는 상황은 아니다. 50% 월급이 나오니 몇 개월 동안의 생활은 버틸 수 있다.

걱정 3. 중요한 시기에 시간을 낭비하는 것은 아닐까 싶다.

ㄴ 무엇보다 경제적인 자유를 누리게 된 노하우가 궁금하다. 아니라는 생각이 들면 그만두어도 된다. 어차피 손해 볼 일은 없다.

결국 나는 친구에게 인생 과외를 들어 보기로 결정했다.

"내일 같은 시간에 다시 만날까?"

"미안한데, 내일은 출근하는 날이라. 모레부터 시작해도 될까?"

"네가 편한 대로 해. 오후에는 항상 이 카페에 있거든."

그 말을 끝으로 우리는 10년 동안 나누지 못했던 사소한 이야기를 나눴다. 그리고 오후 5시쯤 헤어졌다. 이제 퇴근 시간까지 약 한 시간이 남았다. 걱정했던 이유를 생각해 본다. 왜 고민했을까? 어쩌면, 다른 회사를 알아본다는 건 불안감에 대한 변명이었을지 모른다. 회사에 입사한 후 8년 동안 멈추지 않고 달려왔다. '한 시간 더 일하면 얼마를 벌 수 있는데'라며 주말에도 쉬지 않고 발걸음을 회사로 옮긴 적도 있었다. '시간은 곧 돈'이라는 생각에 쉬지 않고 일했다. 약간의 휴식이 주어지면 시간을 낭비하는 기분이 들었다. 집에서 쉬면 마음이 불편했지만 회사에서 쉬면 마음이 편했다. 돌이켜 생각해 보니 나는 시간을 팔고 있었다. 시간을 팔 수가 없게 되자 마음이 불편했다. 시간을 파는 건 의미가 있다고 생각했고, 시간을 팔지 못할 땐 의미가 없다고 생각했다.

무심코 창밖을 바라본다. 왕복 10차선 위로 차들이 줄지어 서 있다. 옆으로 커다란 가로수가 보인다. 도시의 차가움과 대비된다. 그 모습을 보다가 한 식물학자의 말이 떠올랐다. 나무 기둥에서 살아 있는 부분은 지름 바깥 쪽의 1/10 정도라고 한다. 그리고 나머지 9/10는 대부분 생명을 다했다는 것이다. 중심부는 물기가 닿지 않아 무기물로 변해 있다. 따라서 이 부분은 나무의 생명에 간여하지 않는다. 하지만 생명에 전혀 지장이 없는 무기물 덕분에 나무는 수직으로 서서 버틸 수 있다.

나무의 90%는 생명과 관계가 없다. 하지만 이 부분이 없다면 나무는 홀로 서 있기 어렵다. 기둥의 가운데 부분이 텅 비어 있다면 가벼운 비와 바람에도 위태로울 것이다. 어쩌면 우리도 경험하고 싶지 않은 그 일들 덕분에 지금 자기 자리에 굳건하게 홀로 서 있는지도 모른다. 나무 기둥의 무기물처럼 우리가 경험하는 모든 일 역시 쓸모없는 경험은 없다.

'그래, 한번 이준이 이야기를 들어 보자.' 저녁 6시 정각, 집에서 20분 거리의 카페에서 걸어서 퇴근한다. 더 이상 도착 예정 1분 전 버스와 지하철을 타기 위해 뛰지 않는다. 기분이 묘하다. 걸어서 퇴근하니 교통비가 들지 않는다. 만원 지하철에 짓눌려 있지 않아도 된다. 아이러니하기도 하다. 한 달에 3백만 원의 월급을 받기 위해 초·중·고등학교와 대학교에서 16년을 보냈다. 거기에 든 학비와 사교육비만 해도 집 한 채는 샀을 것 같다. 회사에 다니기 위해 왕복 3시간을 사용하고 교통비는 기본 20만 원 이상을 쓴다. 업무를 위한 휴대 전화 요금은 10만 원이 나간다. 점심값과 커피값은 별도이고, 가끔 동료들과 술자리가 있으면 회식비와 택시비는 플러스 알파다. 출퇴근과 업무를 위해 3천만 원짜리 차를 사기도 하고, 어떤 이들은 회사 근처에 보증금 1천만 원에 월세 50만 원짜리 원룸을 얻기도 한다.

집 앞에 편의점이 보인다. 4캔에 1만 원짜리 맥주를 사려다가 발걸음을 돌린다. 그 비용도 이제는 조금 부담스럽다.

시간을 파는
사람

오늘은 회사원으로 변신하는 날이다. 요즘은 정체성에 의구심이 생긴다. 하루는 자유인이고, 하루는 구속받는 회사원이다. 직원들 표정은 전과 다름없다. 달라진 게 있다면 탕비실에 비치해 둔 커피믹스가 빠르게 사라지는 것이다. 화장실에 두루마리 휴지와 프린터 앞 A4 용지가 가끔 사라진다. 매주 나를 괴롭혔던 월요병이 사라지고, 야근과 회식도 사라진다. 정시 퇴근하면서도 더 이상 상사의 눈치를 보지 않는다. 오히려 윗사람들이 먼저 퇴근한다. 월급을 절반만 받으니 절반만 일하자는 분위기다. 사람들은 일하는 시간과 돈의 상관관계에 대해 생각한다.

월급이 삭감되기 전에는 평균적으로 하루에 일하는 시간이 10시간, 한 달 근무 일수가 22일 정도였다. 그리고 한 달에 3백만 원을 벌고 있었다.

300만 원 ÷ 22일 ÷ 10시간 = 1.4만 원

나는 시간당 1.4만 원을 벌고 있었다. 이게 부족하다고 생각한 나는 한 달에 1천만 원을 벌겠다고 생각하고 계산해 본다.

1000만 원 ÷ 22일 ÷ 10시간 = 4.6만 원

시간당 4.6만 원을 벌 수 있는 자리로 올라가야 하는 상황. 하지만 그 자리에 올라가는 건 시간이 너무 오래 걸린다. 더구나 경쟁도 너무 치열해서 쉽지 않다. 다른 방법을 구상한다. 퇴근 후 비슷한 일자리를 하나 더 구해 볼까? 그렇게 30일을 일하고 자는 시간을 줄여 20시간 일을 한다고 생각해 보자.

1000만 원 ÷ 30일 ÷ 20시간 = 1.6만 원

그러면 시간당 1.6만 원으로 1천만 원을 버는 게 가능하다. 하지만 건강이 나빠지고 수명은 단축될 수 있다. 불현듯 한 달에 1억 원을 벌겠다고 생각해 본다.

1억 원 ÷ 22일 ÷ 10시간 = 45.5만 원

하지만 시간당 45.5만 원을 벌 수 있는 자리를 나에게 주는 사람은 없다. 쉬지 않고 잠을 자지 않고 일한다고 생각해 본다.

1억 원 ÷ 30일 ÷ 24시간 = 13.9만 원

나는 시간당 13.9만 원을 받으면서 잠을 자지 않고 쉬는 날 없이 벌면 1억 원을 벌 수 있다. 하지만 단념한다. 노동이라는 시간을 팔아서는 한 달에 1억 원을 버는 지점까지 실제로 도달할 수 없을 것 같다.

돈을 많이 벌지 못하는 이유는 '열심히 살지 않아서'라고 생각했다. 돈을 많이 벌어도 건강이 나빠지는 이유는 '자기 관리를 못 했기 때문'이라고 여겼다. 하지만 내가 돈 문제에 부딪히는 이유는 시간을 팔아 돈을 벌겠다고 생각했기 때문이었다.

"김영훈 대리, 무슨 생각을 그렇게 해? 너무 열심히 일하지 마. 적당히 하라고. 월급 받는 만큼만 하면 돼."

"아. 정 차장님. 오늘 발주처에 넘겨야 할 자료를 어떻게 작성할까 생각하고 있었어요."

"옥상에 가서 커피 한잔하자."

커피 두 잔을 탄다. 언제나 물은 절반만 넣고 얼음은 세 개를 넣는다. 모두가 사용하는 스푼을 사용하지 않고 일회용 스틱 포장지로 커피를 섞는다. 정 차장, 회사에서 친하게 지내는 선배다. 항상 무슨 일이든 열심히 한다. 출근은 가장 빠르고, 퇴근은 가장 늦다. 주말에도 회사에 자주 나온다. 그의 취미는 주말에 회사로 출근해서 태블릿 PC로 영화를 보는 것이다.

"최근에 부업을 시작했어."

"아, 정말요? 저도 알아보고 있었는데 역시 빠르십니다. 무슨 일을 하시는데요?"

"격일로 할 수 있는 물류 일을 구했어. 요즘 배송 업체는 호황이 잖아. 회사가 정상화되기 전까지 잠깐 일할 수 있는 곳은 여기가 제격이더라고. 휴대 전화도 하나 더 장만했어. 집에 있을 때도 수시로 전화가 와서 집사람이 눈치챌 수도 있잖아."

"아, 그러셨군요. 형수님께는 회사 상황에 대해 아직 말씀 안 하셨나 봐요?"

"큰일 날 소리. 애들 교육비만 해도 한 달에 몇백만 원씩 나가. 월급이 줄었다고 말하면 아마 이혼 서류에 도장 찍으라고 난리를 칠거야. 집에 있는 것도 답답하니 잘 됐지."

"저는 그런 상황도 아닌데 아내에게 말하기가 어렵더라고요."

"회사가 금방 정상화될 텐데 뭣하러 말해."

"그렇겠죠?"

"그럼, 너도 잠깐 동안 할 수 있는 부업을 알아봐."

"저도 빨리 시작해야 하는데…… 뭘 해야 할지 모르겠더라고요."

"그걸 고민할 시간이 어디 있어? 시간은 돈이라고. 지금 찬밥 더운밥 가릴 처지가 아니야. 너무 고민하지 말고 돈이 되는 것이 있으면 일단 움직여. 출근하지 않는 날을 잘 활용해야지. 참고로 오전에는 주식 투자를 하고 있어. 뭐. 요즘 장이 좋지 않아서 손해를 조금 보긴 했지만, 언젠가는 상한가를 칠 거야. 주식 장이 마감하면 오후에는 배송 일을 하고, 밤에는 대리 운전을 해. 금요일 같은 경우는 수입이 꽤 짭짤하다고. 참! 이건 너한테만 말하는 건데, ○○ 제약이 조만간 급등할 것 같아. 조금 사 놓으면 후회하지 않을 거야."

"아…… 네. 감사합니다."

그는 몇 주 전과 완전히 다른 사람이 된 것 같다.

"친구 회사는 직원들 절반을 구조 조정 했더라고. 그래도 우리 회사만한 곳이 없어. 우리 회사는 절대 자르지는 않잖아."

"맞아요. 항상 말씀드리지만 저는 이 회사에 뼈를 묻을 거예요."

나는 습관적으로 윗사람들에게 이 표현을 자주 사용한다.

"그리고 마이너스 통장이라도 우선 만들어 놔. 급한 생활비는 이거만한 게 없어. 3개월 급여 내역이 찍혀 있지 않으면 그것도 만들기 어려워. 너도 당장 준비해 두는 게 좋을 거야."

"감사합니다. 잊지 않겠습니다. 회사가 빨리 예전으로 돌아갔으면 좋겠네요."

"걱정하지 마. 조금만 기다리면 돼. 할 수 있는 건 이것밖에 없잖아. 주식으로 수익이 나면 내가 한잔 살게."

"감사합니다. 건강 관리 잘 하세요. 정 차장님."

대리 운전, 주식, 단기 일자리, 내가 생각한 대안하고 비슷하다. 가끔은 무서울 정도다. 주변 사람들의 생각이 왜 비슷할까? 과연 시간을 쪼개서 더 많은 일을 한다고 상황이 나아질까? 나도 그와 같이 회사 일만 열심히 하면 5년 뒤에 차장 직급이 된다. 그는 5년 후의 내 거울과 같다. 하지만 그 모습이 되는 게 두렵다. 월급은 나보다 많지만 행복해 보이지 않는다. 자신의 삶이 없고 가족을 위해 살아가는 사람 같다. 과거로 거슬러 올라가 본다.

그들과 나는 비슷한 교육 과정을 거쳤다. 좋은 회사에 들어가는 게 올바른 길이라 생각했다. 회사 동료들은 모두 건설 관련 전공을 했다. 모든 직원들은 건설에 관한 자격증을 하나 이상씩 가지고 있다. 경험한 일들이 비슷하다. 그러다 보니 비슷하게 생각하고 행동한다.

현재 나에게 벌어진 일들의 출발은 생각이다. 그런데 그 생각이 비슷하니 남과 비슷한 선택을 하고, 그 선택에 따른 행동을 한다. 그 행동에 따라 비슷한 경험을 하니 현재와 같이 비슷한 결과가 나온다. 그리고 이 과정을 반복한다.

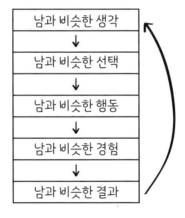

| 남과 비슷한 생각과 비슷한 행동의 로직 |

사람들과 다른 결과가 나오려면 다른 생각을 해야 한다. 비슷한

생각을 하면서 남과 다른 결과가 나오길 바라는 게 어쩌면 잘못된 생각일지도 모른다.

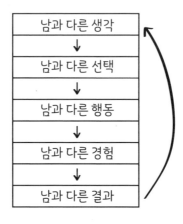

| 남과 다른 생각과 다른 행동의 로직 |

　인생에서 처음으로 남과 다른 선택을 한다. 예전 같으면 단기 일자리를 알아보고 행동했을 것이다. 이 시간에 돈이 되는 일을 하지 않고, 친구와 투자에 대해 이야기를 나누고, 경제적인 자유에 대해 배우는 건 남과 다른 선택이다. 그러면 당연히 다른 결과가 나올 수밖에 없다. 그 결과가 단순히 좋은 것과 그렇지 않은 것을 의미하지는 않는다. 말그대로 다른 결과가 나온다는 것이다. 이 선택이 어떤 식으로 귀결될지는 아무도 모른다. 내 삶의 다음 페이지, 그리고 마지막 페이지까지 영향을 미칠 것이다. 적어도 회사에서 준비 없이 차장 직급을 달게 되지는 않을 것이다.

부자의
기준

아침 일찍 카페에 왔다. 아이를 데리고 나온 젊은 부부도 있다. 뭔가를 열심히 풀고 있는 학생도 있다. 쉴 새 없이 자판을 두드리는 직장인도 있다. 카페는 커피만 마시는 장소가 아니다. 어떤 이들에게는 독서실이고, 사무실이고, 놀이방이고, 사랑방이다. 그리고 나에게는 강의실이다. 이력서를 몇 개 쓴다. 눈 깜짝할 사이에 오전 시간이 간다.

"많이 기다렸니?"

익숙한 목소리가 들린다.

"아니야. 할 일 좀 하고 있었어."

8명이 앉을 수 있는 큰 사각 테이블에 이준이와 마주 보고 앉는다. 테이블 밑에 17인치 노트북 콘센트를 연결하고 전원을 켠다. 그 옆에 전자펜으로 필기가 가능한 태블릿 PC도 꺼내어 놓는다. 그리고 본격적인 대화를 시작한다.

"우리가 대화를 나누다 보면 복잡한 생각들이 조금 정리가 될 거야. 그리고 네가 어떤 방향으로 나가야 할지 실마리가 잡힐 거야. 잡담하는 게 우리의 창의력을 끌어낼 수 있는 방법이거든. 그럼 하나만 물어볼게. 나한테 배우려는 이유가 뭐야?"

뜬금없는 질문에 당황스럽다. 회사를 그만뒀으면 좋겠고 막연히 부자가 되고 싶다는 생각이 든다.

"글쎄. 나도 너처럼 경제적인 자유를 이루고 싶어서?"

머릿속에 남아 있는 단어를 뱉었다.

"그럼 네가 생각하는 경제적인 자유가 뭐야?"

별로 생각해 보지 않았다. 지금 회사가 위기 상황에 처해 있으니 대안을 찾아야겠다는 생각이었다.

"나는 어느 순간 나 자신이 부자라는 생각이 들더라고."

강이준이 입을 연다. 나는 그의 하늘색 셔츠를 바라본다. 비싼 옷 같진 않다. 그가 사는 집은 고가의 주택도 아니다. 자동차는 소형차를 타고 다닌다. 월세를 몇 개 받고 있다. 그리고 회사를 그만뒀다. 그 정도로 부자라고 말하는 건 조금 과하다는 생각이 들었다. 하지만 입 밖으로 꺼내지는 않는다.

"웃어도 좋아. 내 모습을 보고 부자라고 생각하는 사람은 없을 것 같아. 하지만 나 스스로가 부자라는 생각이 든다는 거야. 전에는 그런 생각이 한 번도 든 적 없었거든. 그러면 부자는 뭘까?"

그는 태블릿 PC에 '부자'라고 크게 쓴다.

"사전에는 부자(富者)란 재물이 많아 살림이 넉넉한 사람이라고 나와 있어. 그리고 한 민간 연구소가 조사한 부자 보고서에는 다음과 같이 설명하고 있지."

한국 부자가 생각하는 부자의 자산 기준을 자산 종류별로 살펴보면, 부동산 자산은 '최소 50억 원', 금융 자산은 '최소 30억 원'으로 나타났다. 부동산 자산 기준 부자를 총자산 규모별로 살펴보면, 총자산 50억 원 미만 부자는 '최소 30억 원', 50~100억 원 미만 부자는 '최소 50억 원'의 부동산 자산이 있어야 부자라고 생각했다. 총자산 100억 원 이상 부자의 경우 절반이 넘는 응답자가 '100억 원 이상'을 부자 기준으로 보았다.

금융 자산 기준 부자의 경우 총자산 50억 원 미만 부자는 과반수가 '10~30억 원 미만', 중간값으로 산출하면 '최소 20억 원'을 부자 기준으로 생각했다. 50~100억 원 미만 부자는 '최소 32.5억 원', 100억 원 이상 부자는 '최소 50억 원'을 부자 기준으로 보았다.

_KB금융지주 경영연구소 '2021 한국 부자 보고서' p50.

"다른 사람들이 말하는 의미들 말고 네가 생각하는 부자의 정의가 혹시 있니? 구체적으로 생각해 봐."

부자는 TV와 영화 속에서만 존재한다고 생각했다. 돈을 많이 벌고 싶다는 생각은 했지만 부자를 생각해 본 적은 없다. 나와는 너무 거리감이 있는 단어라고 생각했다.

"한 10억? 아니다. 그 정도는 너무 적다. 그래도 1백억 원 정도 있으면 부자가 아닐까?"

"그래, 그럼 너에게 만약 1백억 원이 있다면 부자라고 생각하겠네."

"뭐, 그럴 것 같아."

"그럼, 넌 1백억 원이 있으면 뭘 할 거야?"

"우선 포르셰 한 대를 사고, 한강이 보이는 고급 주상 복합 아파트 한 채를 살 것 같아. 아. 생각만 해도 좋다."

"좋은 생각이야. 회사는 계속 다닐 거니?"

"회사는 당장 그만둬야지. 며칠 동안 아무것도 하지 않고 잠만 자고 싶다."

"맞아. 쉬는 것도 필요하지. 그런데 네가 다니는 회사는 예전부터 가고 싶었던 곳 아니었어?"

"그렇지. 정말 꿈꾸던 회사였지. 그런데 8년 동안 회사를 다니다 보니 내가 진짜 하고 싶었던 일이었나 하는 생각이 들었어. 원하는 일이라기보다 월급을 많이 주고, 주변 사람들이 부러워할 만한 직장을 들어가야 한다는 생각이었던 것 같아. 돈을 벌기 위해 회사를 다니고 있다는 생각이 드는 순간 회사 일도 적당히 하게 되더라고."

사람들은 대부분 생계 때문에 일을 한다. 물론 회사 업무가 잘 맞는 사람도 있다. 일이 재미있어서 회사를 다니는 사람도 있지만 대다수는 어쩔 수 없이 다닌다.

"그리고 가족들과 시간을 좀 보낼 것 같아. 최근에는 가족들과 식사 한번 제대로 하지 못했거든. 또 아내와 함께 1년 동안 전 세계를 한번 돌아다녀 볼 것 같아. 졸업하고 바로 취업하고 쉬지 않고 달려왔더니 여행에 대한 미련이 많이 남아 있거든."

"멋지다. 그러고 나서는?"

"그 다음?"

그 다음은 생각해 보지 않았다. 막연하게 돈이 많으면 좋다는 생각이었다. 돈이 많으면 신경 쓰지 않고 하고 싶은 일을 할 수 있을 것 같다. 돈이 많다면 나는 무엇을 할까? 그러다 마음 깊숙한 곳에 하고 싶은 일이 불쑥 떠오른다.

"사실 이 이야기는 아무에게도 하지 않았는데. 소설을 쓰고 싶다는 생각이 있었어. 글쓰기에 재능은 없지만 관심이 많거든. 글을 쓰면 잡념도 없어지고 마음도 편안해져. 글쓰기를 제대로 배워서 베스트셀러 작가가 되고 싶다는 생각이 있어."

얼굴이 약간 붉어진다.

"글을 계속 쓰지 않은 이유는 뭐야?"

"글쓰기는 돈이 되지 않잖아. 그걸로 먹고살 수가 없으니까. 자연스럽게 포기했지."

"1백억 원이 있다면 그 일을 하면서 살아갈 수 있겠네?"

"그렇겠지. 굳이 내가 쓴 소설이 돈이 되지 않아도 되니까. 돈은 신경 쓸 필요가 없지 않을까?"

"맞아. 그거야."

"뭐가 맞다는 거야?"

"내가 부자라는 생각이 든 이유가 정확히 그거야."

"너 1백억 원이나 번 거야?"

"하하하. 그런 말은 아니야. 부자는 돈을 덜 생각하고 행동하는 사람이라고 생각해. 돈을 생각하지 않는 게 아니라 보통 사람들보다 상대적으로 덜 생각하는 거지."

"구체적으로 말해 봐."

"나는 지금까지 돈을 보면서 살아왔거든. 어떤 일을 하든지 돈을 첫째로 생각했어. 특히 회사일이 그랬지. 하지만 월세가 늘어날수록 마음에 여유가 생겼어. 결국, 월급만큼 월세를 받으니까 돈을 첫째로 생각하지 않아도 되더라고. 월세로 우리 가족의 먹고사는 일을 해결해 놓으니까 네가 말한 대로 돈을 신경 쓰지 않고 하고 싶은 일을 할 수 있게 된 거야. 비록 한강이 내려다보이는 아파트나 고급 외제차는 없지만, 내 행동에 제약이 사라졌어. 그랬더니 내가 부자라는 생각이 들더라고. 가족들과 함께 보내는 시간이나 내 시간도 많아졌어. 내가 부자가 아니라면 지금 이 시간도 만들기 어렵지 않을까?"

일리 있는 말이다. 우리가 부자를 부러워하는 이유는 그들이 많은 소유물을 가지고 있기 때문이라고 생각한다. 하지만 부자는 소유물보다도 자기 자신과 가족을 위해 쓸 시간이 상대적으로 많다. 지금까지 생계를 위해 일해야 했기 때문에 꿈을 꾼다는 건 사치였다. 정말로 하고 싶었던 일은 30년 후로 미뤘다. 하지만 부자가 되는 방법은 생각보다 가까운 곳에 있었다. 나도 부자가 될 수 있을 것 같다.

"나도 부자가 될 수 있을까?"

"물론이지."

자산을
구매하라

"그럼 부자에 대해 생각해 봤으니, 부자가 되는 방법에 대해 생각해 보자. 부자가 되는 첫 번째 방법은 자산을 구매하는 거야. 내 삶이 달라진 이유는 자산을 꾸준히 구매했기 때문이야. 회계학에서 말하는 자산은 현금, 상품, 제품, 매출 채권, 유형 자산, 무형 자산 등을 말해. 그런데 이런 말들 너무 어렵지 않아? 자산이 뭘까?"

"땅, 돈, 금, 아파트 뭐 이런 거 말하는 거 아니야? 난 회계학을 전공하지 않아서 이런 건 잘 모르겠어."

"네가 회계학을 전공하지 않았기 때문에 더 유연하게 생각할 수 있어. 많이 알수록 오히려 생각이 복잡해져서 접근하기가 어렵거든. 너도 알겠지만 내가 학교에서 공부를 그렇게 잘한 편은 아니잖아. 복잡하고 어려우면 금방 포기하게 되더라고. 그래서 세상을 단순하게 바라보려고 노력했어."

"단순하게 바라본다고?"

"맞아. 회계학에서 말하는 자산이 아니고 내가 생각하는 자산을 꾸준히 사 모았지."

"그럼, 네가 생각하는 자산이 뭔데?"

"내가 좋아하는 작가가 한 명 있어. 세계적인 베스트셀러 『부자 아빠 가난한 아빠』의 저자 로버트 기요사키야. 그의 말에 영감을 많이 받았어. '자산은 내가 가지고 있으면 나에게 돈을 주는 것'이라고 생각했고, 반대로 '부채는 내가 가지고 있으면 내 돈을 빼앗아 가는 것'이라고 생각했지."

그는 태블릿 PC에 크게 사분면을 그린다.

"사람들이 바라볼 때 낡은 빌라는 자산이라고 생각하지 않지. 하지만 나는 오래된 빌라가 어떤 대상보다 훌륭한 자산이라는 생각이 들었어. 빌라로 현금 흐름을 만들 수 있다. 즉 월세 관점으로 접근했어. 이 부동산은 내가 가지고 있으면 나에게 돈을 주는 자산이라는 게 확실하거든. 무엇보다 허름한 겉모습 때문에 사람들이 관심 갖지 않

아서 상대적으로 싸게 살 수 있어."

"아무리 싸게 살 수 있다고 해도 약간 걱정되는데?"

"맞아. 낡은 빌라를 계속 구매하니 주변 사람들의 우려스러운 목소리가 많았어. 친구들, 회사 동료들, 가족들까지 말이야. 하지만 주변 사람들의 말을 듣지 않고, 이왕이면 부자의 말을 따르기로 한 거야. 로버트 기요사키는 엄청난 부자거든."

"한 번도 생각해 보지 못한 개념인 것 같아. 단순히 부동산을 싸게 사서 비싸게 팔아야 한다고 생각했어. 낡은 빌라는 비싸게 팔지 못한다고 생각하니까 자연스럽게 관심 갖지 않았던 것 같고."

"맞아. 그렇게 생각하는 사람들이 많기 때문에 낡은 빌라는 지금도 저렴하게 살 수 있어. 그리고 싸게 사서 비싸게 판다는 개념을 생각하지 않아도 되니까 조금 더 편하게 접근할 수 있었지."

"단순하게 바라보니 네 행동이 이해가 가는데? 우리가 흔히 자산이라고 생각하는 땅이나 금 같은 건 가지고 있어도 나에게 돈을 주지 않으니까 구매하지 않았구나."

"그렇지."

그가 고개를 끄덕인다.

"그런데 아파트, 오피스텔, 상가 이런 것들 역시 가지고 있으면 돈을 넣어 주는 거 아니야?"

"맞아. 하지만 그것들은 나와는 맞지 않았어. 너도 알겠지만 그 부동산들은 내 낡은 빌라보다 적게는 2~3배 많게는 10배 이상 비싸잖아. 내가 받은 월급으로는 화려한 부동산은 구매하기 어려웠어."

"그 생각은 공감이 된다. 대출받고 구매를 하더라도 굉장히 부담스러울 것 같아. 나는 결혼하기 전에 월급을 모아서 신혼집을 구매해야겠다고 생각했었어. 그래서 월급의 90%를 저축했지. 아이러니하게도 내 인생에서 돈을 제일 많이 버는데 돈을 가장 못 쓴 시기였던 것 같아. 악착같이 2년을 모았지만 결국, 은행의 손을 빌렸지."

"나 역시 너와 같은 생각을 했어. 물론 오래된 빌라가 정답이라고 생각하지 않아. 나도 아파트를 좋아해. 하지만 아파트는 내가 받는 월급으로는 구매하기 어려웠어. 그래서 남들이 생각하는 자산을 구매하지 않고 내가 생각하는 자산을 구매했어."

"가지고 있으면 돈을 넣어 주는 걸 자산이라고 생각하고?"

"그렇지. 대부분 사람들은 투자할 때 자신이 구매하는 건 자산이라고 생각해. 하지만 알고 보면 부채를 사는 거지. 그래서 투자를 해도 그들의 삶은 달라지지 않아. 오히려 투자할수록 점점 더 삶이 힘들어지는 거야."

그는 사분면에 상승하는 화살표를 그린다.

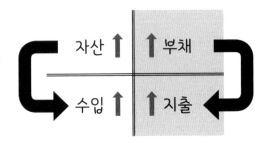

사분면을 자세히 관찰한다. 자산이 늘어날수록 수입도 늘어난다. 부채가 늘어날수록 지출도 늘어난다. 사람들은 자산과 부채를 혼동한다. 그래서 부채를 사면서 자산을 사고 있다고 착각을 한다. 지출은 점차 늘어난다. 따라서 생활은 힘들어진다.

'내가 가지고 있는 자산은 무엇이 있을까?' 생각해 본다. 몇 년 전 신혼집을 장만하며 담보 대출과 추가 신용 대출을 받았던 수도권의 낡은 아파트가 떠오른다. 2억 5천만 원짜리 아파트를 사면서 2억 원의 대출을 받았다. 그 집은 의심 없이 자산이라고 생각했다. 주변 사람들 역시 그 생각에 동의했다. 하지만 내가 거주하는 아파트는 매년 정부에 세금을 내야 한다. 매월 관리 사무소에 관리비를 내야 하고 대출받은 은행에 원금과 이자를 납부해야 한다. 내가 살고 있는 아파트는 이준이가 말하는 자산의 정의와는 거리가 멀었다. 오히려 부채의 개념에 가까웠다. 하지만 그의 생각에 의심이 들었다. 몇 년이 지난 지금 내가 살고 있는 아파트의 가격은 2배가 넘게 올랐기 때문이다.

"네 생각에 일부분 동의해. 하지만 내 아파트는 몇 년 사이에 2배가 넘게 올랐는데?"

"그건 정말 잘한 일 같다. 축하해. 그러면 네 생활은 좀 더 여유가 생겼니?"

그의 질문에 말문이 막힌다. 내가 살고 있는 집은 지어진 지 30년이 넘은 복도식 아파트다. 주차장이 협소해 퇴근 시간만 되면 이중 삼중 주차는 기본이다. 재건축이라는 호재도 생각했지만 소문만 무성할 뿐 언제 시행을 할지는 미지수다. 하지만 이 낡은 아파트도 최근에 집값이 2배로 올랐다. 나는 갑자기 2배의 부자가 됐다. 아파트 값이 올랐으니 아내와 삶의 질을 높이려 시도해 봤다. 계단식 아파트에 지하 주차장만 있으면 된다. 이왕이면 지하 주차장에서 집으로 바로 들어갈 수 있으면 한다. 이 조건만 충족하면 된다고 생각하고 그에 맞는 근처 아파트를 찾아봤다. 하지만 나는 삶의 질을 높일 수가 없었다. 그 아파트들은 내가 살고 있는 아파트보다 가격이 훨씬 더 많이 올랐다. 나는 분명히 자산 2배의 부자가 됐다는데 그 사실이 피부로 느껴지지는 않는다.

"집값은 분명히 올랐고, 나는 전보다 더 비싼 집에 살고 있는 건 확실해. 그런데 삶에 여유가 생기진 않았어. 사실 생활 자체에 아무런 변화는 없어. 아니, 오히려 집값이 오른 만큼 세금만 늘어났겠지."

"맞아. 그 가격은 허울뿐이야. 마치 회사의 직급 같은 거지. 시간이 갈수록 직급이 올라가고 연봉도 오르지만 삶에는 변화가 없는 것처럼 말이야."

인정하고 싶지 않지만 공감된다. 차장님, 부장님, 이사님의 모습이 내 5년 후, 10년 후, 15년 후 모습일 텐데 사실 그들의 모습과 내 모습은 별로 차이가 없다.

"영훈아, 부자가 되는 방법은 생각보다 간단해. 미래에 오를지 떨어질지는 아무도 정확히 알 수 없어."

"그래도 부동산 전문가들은 신뢰할 만하지 않을까?"

"한 가지 이야기를 해 줄게. 아마 너도 알고 있는 이야기일 거야."

그는 짤막한 이야기를 시작한다.

옛날에 어떤 왕이 장님들에게 코끼리를 만져 보게 한 뒤 코끼리가 어떻게 생겼는지 물었다. 대신 거짓말을 하면 목숨을 잃을 것이라고 했다.

첫 번째 장님은 코끼리 코를 만진다. "코끼리는 커다란 뱀처럼 길고 물렁물렁합니다." 두 번째 장님은 코끼리의 등을 만진다. "코끼리는 넓은 언덕과 같습니다." 세 번째 장님은 한쪽 다리를 만진다. "코끼리는 아름드리나무 기둥 같습니다." 네 번째 장님은 꼬리를 만진다. "코끼리는 절대로 끊어질 일 없는 밧줄과 같습니다." 모두가 확신에 차서 말한다. 그리고 그중에 거짓말을 한 사람은 아무도 없었다.

"예측에는 누가 맞고 틀리고가 없어. 올라가는 신호를 본 사람은 '올해 부동산은 폭등한다'라고 말하겠지. 내려가는 신호를 본 사람은 '폭락한다'라고 말할 거야. 누구의 이야기가 맞을지 고민할 필요 없어. 모두 다 맞는 이야기일 거야. 그리고 이렇게 생각하면 마음이 편해. 우리는 미래에 대해 눈 뜬 장님과 같다. 단지 미래의 시세를 맞히는 것은 운이 좋은 사람과 나쁜 사람으로 나뉠 뿐이다."

"미래는 아무도 모른다? 심지어 전문가도?"

"맞아. 그들이 미래의 시세를 알고 있다면 점쟁이나 무당이 되는 게 낫겠지. 쉽게 생각하면 돼. 당장 내가 가지고 있을 때 나에게 돈을 넣어 주느냐, 그렇지 않느냐. 그 두 가지 중에 한 가지를 선택한 뒤에 계속 구매를 하면 너는 부자가 될 수도 있고, 아니면 계속 여유 없는 사람으로 남을 수도 있는 거지. 선택은 네 몫이야."

좋은 빚,
나쁜 빚

주변 사람들을 떠올린다. 그들 중에 자산을 소유한 사람은 누가 있을까? 물론 회사 동료들 중에 집이 2채, 3채인 사람도 있다. 자세히 들여다보면 그들 역시 대출을 받고 부동산을 구입했다. 그 부동산과 대출은 자산의 성격보다는 부채의 성격이 크다. '가지고 있으면 돈을 뺏어 가는' 것이다. 그들은 이 빚을 갚으려면 앞으로 몇십 년을 더 일해야 한다는 말을 반복한다. 따라서 회사를 그만두고 싶어도 그만둘 수 없다. 그럴 때 '웬수같은 빚'이라는 수식어가 탄생한다. 그래서인지 회사 동료가 부동산이 많아도 그들이 부자라고 느낀 적은 없는 것 같다. 그들은 겉만 부자였지 진짜 부자가 아니었다. 무엇보다 그들의 삶과 나의 삶의 차이가 없다. 똑같은 월급쟁이다.

생각해 보면 내 주변에는 부자가 없다. 자산을 소유한 사람도 없다. 이를 반대로 생각한다면 자산을 구매하면 부자에 가까워질 수 있다는 말이 된다. 가지고 있으면 돈을 넣어 주는 자산을 늘려야 부자가 된다. 나는 자산을 사기로 했다. 그리고 통장 잔고를 생각한다. 마이너스통장 잔액 2천 5백만 원, 은행 적금 5백만 원, 이 돈을 가지고는 부족할 것 같다. 낡은 빌라라고 해도 몇천만 원은 있어야 하는 거 아닌가 생각한다. 또 한숨이 나온다.

친구가 내 얼굴을 바라본다.

"내가 가진 돈으로만 구매하는 건 한계가 있었어. 그래서 자산을 사면서 대출을 받았어. 그걸 나는 좋은 빚이라고 불러."

"좋은 빚? 대출이면 다 같은 빚 아닌가?"

그가 사분면의 자산과 부채 칸에 대출이라고 구별되는 글씨로 적는다. 그리고 화살표를 한 번 더 강조한다.

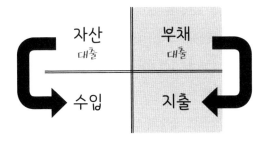

"자산을 사는 데 대출을 받으면 수입이 늘어나는 속도가 빨라지지. 따라서 점점 삶이 여유로워져. 부채를 사는 데 대출을 받으면 지출이 늘어나는 속도가 빨라지겠지. 따라서 점점 삶은 어려워질 거고. 이게 투자의 기본적인 원리야. 하지만 사람들은 잘 모르는 것 같아."

대출이라면 몇 번의 경험이 있다. 최초의 경험은 학자금 대출이다. 학생 때는 별로 신경을 쓰지 못했다. 나중에 회사원이 되면 자연스럽게 해결될 거라 생각했다. 막상 취업하고 이자를 낼 때는 부담도됐고, 아깝다는 생각이 들었다. 은행은 앉아서 내 돈을 공짜로 가져간다고 생각했다. 그래서 빚은 가능한 한 빨리 갚으려 노력했고, 악착같이 2년 만에 상환했다.

두 번째는 신혼집을 장만할 때 2억 원을 대출받은 것이다. 30년분할 상환으로 원금과 이자가 1백만 원 가까이 된다. 여윳돈이 생길때마다 대출 원금을 추가로 갚는다. 하지만 앞으로 아이가 태어나면생활비가 늘어날 것이다. 갑자기 급한 돈이 필요할 수도 있다. 이 대출을 갚을 수 있을지 생각하니 끝이 보이지 않는다.

세 번째는 자동차를 사면서 2천만 원을 추가로 대출받았다. 여기서는 원금과 이자가 50만 원 정도 나간다. 가끔은 은행에 이자를 내기 위해 일을 하는 노예가 된 것 같다는 생각도 든다. 내 자신이 그렇게 사치스럽게 산다고 생각하지는 않는다. 오히려 아끼고 절약한다.그런데 빚은 갚을수록 늘어나는 것이다. 끝없는 역설에 빠진다.

"네가 말한 관점에서 생각해 보니 내가 받은 대출은 모두 부채를사는 데 사용한 것 같아. 모두 꼭 필요한 대출이라고 생각했기 때문에부채를 사는 게 아니라고 나를 위로했어. 하지만 그건 분명히 내가 가지고 있으면 돈을 빼앗아 가는 부채가 분명해. 그래서 내 삶이 점점힘들어졌고."

"맞아. 투자하는 데 가장 중요한 건 자기 자신을 이해하는 거야.

네가 부채를 사는 게 잘못됐다고 말하는 건 아니야. 분명한 사실은 부채를 계속 구입하기 때문에 열심히 돈을 벌어도 삶이 나아지지 않는다는 거지."

"그런데 자산을 구입하기 위해 대출을 더 받아야 한다는 사실에 두려움이 있어. 지금까지 대출은 최대한 받지 않아야 하고, 받더라도 빨리 갚아야 한다고 생각했거든."

"나도 그 마음 알아. 영훈아, 그러면 너는 금융 교육을 따로 받아 본 경험이 있어?"

"글쎄. 학교를 다니면서 배운 적은 없는 것 같아."

"그렇다면 대출에 대한 생각이 우리의 선입관은 아니었을까?"

어렸을 때부터 빚에 대해 부정적인 감정을 가지고 있었고 나쁜 것이라는 추상적인 생각이 있었다. 그래서 항상 아껴 쓰고 저축했다. 초등학교 때는 저축왕 상을 받기도 했다. 선생님은 반 친구들 앞에서 "영훈이를 본받아라"라고 자랑스럽게 말씀하셨다. 하지만 과연 남들에게 자랑할 만한 일이었을까? 처음으로 초등학교 때 선생님의 말씀에 의구심을 가져 본다. 선생님은 학문적으로도 분명히 좋은 교육을 받았을 것이고 계층으로 보아도 분명한 대한민국 중산층이다. 선생님의 말씀은 평범한 중산층으로 사는 데 도움이 될 만하다. 하지만 부자로 가는 방향과는 거리가 있다는 생각이 든다.

"최근에 우리나라 교육에 관한 기사를 하나 읽었어. 1945년 8월 15일, 일왕이 무조건 항복을 선언했잖아. 그리고 같은 해 9월 8일 남한에는 미군이 주둔했고, 나흘 뒤 9월 12일에 조선총독부에서 마지막으로 총독을 지낸 아베 노부유키가 우리나라를 떠나면서 남긴 말이 있어."

"어떤 말인데?"

"일본이 패했다고 조선이 승리한 것은 아니다. 조선이 위대하고 찬란했던 과거의 영광을 되찾으려면 앞으로 1백 년도 넘게 걸릴 것이다. 우리가 총칼보다 더 무서운 식민 교육을 뿌리 깊이 심어 놓았기 때문이다. 조선 민족은 서로 이간질하여 노예 같은 삶을 누리게 될 것이다. 보라! 조선은 진정 찬란하고 위대했다. 하지만 우리가 한 식민 교육으로 말미암아 노예로 전락하고 말 것이다. 나, 아베 노부유키는 다시 돌아올 것이다."

"너무 무서운 말인데?"

"그의 말을 대단히 중요하게 생각해야 하는 건 아니지만 우리나라 교육의 출발은 한번 생각해 볼 필요가 있지. 한때 영국의 식민지였던 미국을 세계 최강국으로 만든 인문학 교육은 아니잖아. 공장의 노동자, 직업 군인을 양성하기 위한 프러시아의 교육 제도를 본뜬 거야. 백인 하층과 흑인, 아시아 이민자들을 영원히 밑바닥에 묶어 두고자 만든 공교육에 뿌리를 두고 있는 거지."

"충격적이야, 이준아. 그럼 우리가 받은 교육은 쓸모없다는 거야? 갑자기 내가 힘든 이유는 잘못된 교육을 받았기 때문이라는 생각까지 들어."

"물론, 이 말을 하는 이유가 공교육이 필요 없다는 이야기는 아니야. 하지만 학교 선생님, 대학 교수님의 말씀이라고 맹신할 필요는 없다는 거지. 불편한 이야기이지만 우리가 받은 교육은 사회의 리더를 길러 내기 위한 건 아니었어."

내가 받은 교육에 대해서 생각을 해 본 적이 없다. 남들이 받는 교육이니 나도 똑같이 받아야 한다고 생각했다. 하지만 그 교육은 조직 체계에서 잘 적응할 수 있는 공무원, 군인을 길러내기 위한 방법에 가깝다. 그래서 윗사람의 말을 잘 들으면 상을 받고 그렇지 않으면 벌을 받는 구조다. 거기에 불평과 핑계는 있어도 의심은 없다.

항상 세상 모든 일에 정답이 있다는 생각을 강요받았다. 객관식 문제의 정답은 대부분 한 개였다. 정규 교육을 마치면 좋은 대학교를 가는 게 정답이라고 생각했다. 그 뒤엔 좋은 회사에 취업하는 게 최고다. 회사에서는 최대한 높은 곳까지 올라가 60세 정년까지 어떻게든 살아남는 게 이상적이다. 퇴직하고 나서는 국가가 주는 연금을 받고 살아야 한다. 이렇게 인생의 모든 일 역시 정답이 있다고 믿었다. 그러다 사회가 정한 정답에서 조금이라도 벗어나면 초조해지고 스트레스를 받는다. 하지만 이제 알았다. 인생에서 정답은 하나가 아니라는 걸. 자신의 판단에 따라 정답은 무수히 많다는 말이다. 그리고 내가 선택한 대안이 잘못됐다는 생각이 들면 벌을 받는 게 아니고 그 경험에서 배우고 개선해 나가면 된다. 그러면서 이상적인 삶에 점점 더 가까워지는 것이다. 그게 인생의 진화이고 진보라는 생각이 들었다. 그러니 공교육을 부정하지 않는다. 다만 이제 깨달음을 얻었으니 현재 나에게 있는 것을 가지고 무엇을 할지 고민하기로 했다.

"내가 가진 돈은 마이너스 통장 잔액 2천 5백만 원이랑 은행 적금 5백만 원이야. 이 정도 돈으로도 네가 말한 낡은 빌라, 우리가 생각하는 자산을 구매할 수 있을까?"

"나는 너보다 훨씬 적은 돈으로 시작했어. 걱정하지 마."

이준이가 나를 보고 미소를 짓는다. 마음이 편해진다.

삶이 나아지지 않는
이유

"그런데 약간 배신감이 드는 것 같아. 내가 받은 교육이 노동자를 길러내기 위한 교육이었다는 게."

"영훈아, 교육의 목표에 지금 그렇게 큰 의미를 둘 필요는 없어. 낡은 빌라에도 좋은 면과 좋지 않은 면이 있는 것처럼, 공교육 역시 장단점이 있을 거야. 중요한 건 모든 대상에는 두 가지 면이 공존하고 있다는 걸 네가 인지했다는 거지. 이제부터는 무엇이든 절대적으로 맹신하는 일은 없을 테니까."

"그래, 그렇지."

"그럼, 마지막으로 사분면을 한 번 더 봐 줄래?"

그는 태블릿 PC에 화살표를 지우고, 처음의 사분면을 다시 나에게 보여 준다.

"사회 계층마다 이 사분면을 바라보는 관점이 달라."

자산	부채
수입	지출

"사회 계층? 그게 무슨 말이야?"

"나는 이 세상에 보이지 않는 계층이 존재한다고 생각해. 부자, 중산층, 가난한 사람 이렇게 말이야."

"응. 그건 누가 봐도 분명한 사실이지."

"그럼 영훈아, 너는 어느 계층에 속해 있는 것 같아?"

"중산층? 그런데 요즘 월급도 반밖에 못 받고 있어서 중산층이라고 말하는 게 자신이 없어. 참, 얼마 전 신문에서 세계 각국의 중산층 기준을 본 적이 있어. 그게 기준이라면 나는 중산층이 아닌 것 같아. 아마 가난한 사람과 중산층 중간 정도에 위치하고 있지 않을까?"

다시 한번 신문 기사를 상기한다.

● **한국 – 직장인 설문조사**

1. 월 급여 500만 원 이상 받는 사람

2. 30평 이상의 부채 없는 집을 소유한 사람

3. 2000CC 이상의 중형차를 소유한 사람

4. 예금액 잔고가 1억 원 이상인 사람

5. 연 1회 이상 해외 여행을 다니는 사람

● **프랑스 - 퐁피두 전 대통령이 '삶의 질'에서 정한 기준**

1. 외국어를 하나 정도는 하는 사람

2. 직접 즐기는 스포츠가 하나 이상 있는 사람

3. 다룰 줄 아는 악기가 하나 이상 있는 사람

4. 남과 다른 요리를 할 수 있는 사람

5. '공분'에, 즉 공의에 의연히 참여하는 사람

6. 약자를 돕고 봉사활동을 꾸준히 하는 사람

● **영국 - 옥스퍼드 대학에서 제시한 기준**

1. 페어플레이를 하는 사람

2. 자신의 주장과 신념을 가진 사람

3. 독선적으로 행동하지 않는 사람

4. 약자를 두둔하고 강자에 대응하는 사람

5. 불의, 불평, 불법에 의연히 대처하는 사람

● **미국 - 공립 학교에서 가르치는 기준**

1. 자신의 주장에 당당한 사람

2. 사회적인 약자를 돕는 사람

3. 부정과 불법에 저항하는 사람

4. 10년 이상 정기적인 비평지를 읽어 보는 사람

"그래. 정답은 없으니까."

"그럼 자산, 부채, 수입, 지출 이렇게 네 가지 가운데 요즘 가장 크게 신경 쓰면서 살고 있는 건 뭐야?"

자산이라는 개념은 이준이를 만나기 전까지는 중요하게 생각해 본 적이 없다. 그렇다면 내가 크게 신경 쓰는 것은 세 개다. 무급 휴직을 하면서 마음이 불편한 이유를 생각한다.

1. **지출**　　외식과 여행은 어렵겠지만, 아직은 아이가 없기 때문에 생활
　　　　　　비는 좀 더 줄일 수 있다.

2. **부채**　　언제나 부채가 마음에 걸린다. 대출 이자는 아껴 쓴다고 줄일
　　　　　　수 없다. 그래서 이자를 내기 위해서라도 무엇인가를 해야 한
　　　　　　다고 생각했다.

3. **수입**　　내 경력을 가지고 더 높은 연봉과 좋은 복지가 있는 회사로
　　　　　　옮길 생각을 한다.

이 세 가지 중에 가장 큰 걸 고른다면 부채가 아닐까 생각한다. 은행 이자는 숨만 쉬어도 돈이 나간다. 나머지는 어느 정도 통제가 가능하다. 나는 조심스럽게 말을 꺼낸다.

"부채인 것 같은데."

"맞아. 그게 중산층의 전형적인 고민이야. 그리고 한 가지가 더 있다면 수입을 많이 신경 쓰면서 살지. 어떻게 하면 일은 적게 하면서 더 많은 월급을 주는 회사로 옮길 수 있을까를 고민하는 거야."

나는 어색한 미소를 짓는다.

"그리고 가난한 사람이 고민하는 건 지출이야."

"지출은 왜 가난한 사람만 고민해?"

"정확히 말하면 그들은 다른 변수는 고민하기 어려워. 그래서 지출이라는 변수를 통제하려고 하지."

"그게 무슨 말이야? 가난한 사람도 부채를 갚을 생각을 하고 수입을 늘릴 생각을 하지 않을까?"

"쉽지 않을 거야. 왜냐하면 그들이 가진 외부적인 제약 때문에 수입을 늘리고 싶어도 늘릴 수 없어. 그리고 너와 같이 은행에 가서 대출을 받는 것도 쉽지 않고. 그들이 유일하게 통제 가능한 건 지출이야. 네가 부채와 수입을 고민하고 있다는 게 어쩌면 중산층이라는 증거이지."

"그럴 수도 있다는 생각이 드네."

"마지막으로 부자가 고민하는 건 자산이야. 수입의 크기는 중요하지 않아. 수입에서 자산을 먼저 사는 사람이 부자야. 그리고 다음은 우리 같은 사람이 부자로 가는 방법이지."

이준이는 사분면에 추가로 글을 적는다.

(다음 페이지 계속)

자산 (부자의 영역)	부채 (중산층의 영역)
수입 (중산층의 영역)	지출 (가난한 사람의 영역)

　나는 그가 적은 사분면을 바라본다. 자산은 부자들의 영역이다. 수입과 부채는 중산층의 영역이다. 그리고 지출은 가난한 사람의 영역이다.

　"이 그림을 같이 보면서 왜 부자들이 점점 더 부자가 되는지 이유를 확인해 볼까?"

　이준이는 사분면에 화살표를 추가한다.

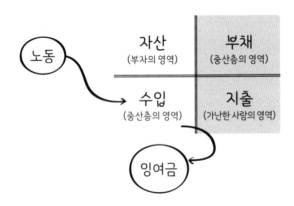

　"대부분 사람들은 이렇게 생활을 해. 노동을 통해서 수입을 만들

고, 그 수입이 지출로 이어지지. 수입보다 지출이 크거나 같으면 가난한 사람에 가깝겠지. 반대로 지출보다 수입이 크다면 잉여금이 남겠지? 그 잉여금을 모아 너는 적금 5백만 원을 만들었고?"

"맞아, 그런 셈이지."

"그런데 보통 중산층들은 그 돈을 잘 보관해 두었다가 부채를 사지. 더 넓은 집으로 이사를 가거나 더 좋은 차를 사는 거야. 그래서 잉여금은 중산층의 영역인 부채에서 가난한 사람의 영역인 지출로 흘러가. 잉여금은 점차 줄어들거나 부족해지지. 그러면 회사에서 더 열심히 일해야 하고 회사 의존도는 더 높아질 거고."

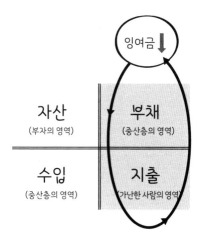

"정확한 설명인 것 같아. 솔직히 말하면 나 역시 그 5백만 원을 계속 모아서 새 차를 사려 했어. 노동을 통해 만든 잉여금으로 지출을 만드는 부채를 샀어. 열심히 일해서 월급도 올랐지만 부채 역시 많아

졌어. 그게 가난해지는 방향으로 간다는 생각은 하지 못했어."

"그래서 네가 열심히 일해도 삶이 나아지지 않는다고 느낀 거야."

"네 설명을 들으니 방법을 바꿔야 할 것 같아."

"맞아. 우선 회사를 다니면서 잉여금을 모아야 해. 그 잉여금으로 부채를 사는 게 아니고 '자산'을 사는 거야. 아까와는 반대로 잉여금은 부자의 영역인 자산에서 중산층의 영역인 수입으로 흘러가. 이 수입이 다시 자산으로 순환하지. 이렇게 하면 잉여금은 점차 늘어나고, 회사에 대한 의존도는 점차 낮아질 거야."

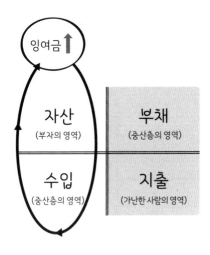

"이게 부자들이 더 부자가 되는 원리야. 넌 이미 적금 5백만 원과 마이너스 통장 2천 5백만 원이 있으니 자산을 구매하기만 하면 돼. 그리고 가진 돈의 한계가 있으니 자산을 사면서 좋은 빚을 내는 거야. 그럼 네 삶은 점차 나아지는 걸 느끼게 될 거야."

"희망이 생기는 것 같아."

"도움이 됐으면 좋겠다. 오늘은 여기서 마치고 일어날까?"

"시간이 벌써 이렇게 됐네. 나도 이제 집에 들어가 봐야겠다."

답답했던 가슴이 뚫리는 것 같다. 잡으려 하면 손가락 사이로 빠져나가던 희망이 손끝에 닿는 듯하다.

"주말 잘 보내고 다음 주에 보자."

보통의
생각

토요일 아침, 예전의 토요일과 지금의 토요일은 다르다. 전에는 주말만 기다리면서 살았다. 이제는 주말과 평일이 큰 차이가 없다. 격일근무를 시행한 지 몇 주가 지나간다. 시간이 지나니 이 생활도 조금씩 익숙해진다. 요즘은 아내와 많은 시간을 보낸다. 아내와 함께 분위기 좋은 곳에 가서 외식도 하고 싶지만 줄어든 월급 때문에 심리가 위축된다. 전에는 회사 일이 바빠서 돈 쓸 시간이 부족했다. 이제 시간은 많은데 돈이 부족하다. 친구의 말처럼 모든 일에는 장점과 단점이 있다. 시간이 많아진 건 장점이 분명하다. 통장 잔고가 줄어든 건 확실히 단점이다. 과거엔 금요일 저녁과 토요일 오전은 가장 마음 편한 시간이었다. 이제는 주말에도 마음이 편하지 않다. 금요일 밤이 좋았던 이유는 앞으로 이틀을 쉰다는 기대감 때문이었다. 하지만 주중에 5일을 일하지 않으니 주말에 대한 기대감도 사라진다. 평일의 구속이 줄

어드니 주말의 편안함 역시 줄어든다.

어제 이준이 한 말을 생각한다. '자산'을 구매해야 한다. 그리고 자산을 살 때 '좋은 빚'을 낸다. 아직 빚에 대한 거부감은 남아 있다. 하지만 생각을 바꾸기로 했다. 남들하고 다른 선택을 하면 남들하고 다른 결과가 나올 것이다. 다른 선택을 했는데 남들과 같은 결과가 나오는 게 오히려 이상한 일이다. 어떤 자산을 구입할 수 있을까 생각한다. 낡은 빌라를 구입해서 월세로 현금 흐름을 발생시키자. 그런데 이 생각에 아내가 동의해 줄지 모르겠다.

"여보, 이번 달 신용카드 대금 나온 거 봤어? 왜 이렇게 많이 나왔지? 조금 더 아껴야 할 것 같아."

"그렇게 하자."

특별히 과소비를 한다고 생각하지는 않는다. 오히려 남들보다 알뜰하게 산다고 생각한다. 관리비는 자동 이체로 납부해서 1만 원씩 할인받는다. 자동차에 기름을 넣을 땐 리터당 10%를 할인해 주는 신용카드만 쓴다. 카페에 갈 땐 30% 청구 할인을 받고 통신비 역시 5천 원 할인을 받는다. 마트에 갈 땐 5% 적립을 꼭 챙기고 편의점에 갈 때조차 1천 원 당 1백 원의 통신사 할인도 잊지 않는다. 한 달 실적을 놓치지 않기 위해 월급날은 말일이지만 3개의 신용카드 결제일은 14일로 해 놓는다. 어떻게 더 아껴야 할지 모르겠다.

"그리고 여보, 이번 달에 성과급 나오는 달 아니야? 자동차 바꾸기로 한 거 이번에 살까? 어떻게 생각해?"

"글쎄."

"뭐야. 대답이 시원치가 않네. 자기가 차 바꾸고 싶다고 했잖아. 어떤 차로 바꿀까? 이제 곧 아기도 태어나니까 SUV로 바꾸는 게 좋을 것 같아."

마음 한편에선 아내의 말에 동의하라고 속삭인다. 나 역시 당장 새로운 차를 사고 더 넓은 집으로 이사를 가고 싶다. 하지만 다시 한 번 생각을 바꾼다. 차를 바꾸면 비용이 더 발생할 것이다. 따라서 부채가 분명하다. 앞으로는 자산을 구매해야지.

"차는 아직 탈 만하니까 조금 더 생각해 보자."

아내에게 회사 상황을 빨리 말하는 게 좋을 것 같다. 계속 미루기만 할 수는 없다. 투자 이야기를 하면서 자연스럽게 회사 이야기로 화제를 전환해야겠다. 조심스럽게 말을 꺼내 본다.

"우리가 가지고 있는 돈으로 자동차를 사는 대신 투자를 해 보는 건 어떨까?"

"갑자기 무슨 투자?"

"응, 부동산에 관심이 생겨서."

"부동산? 아파트 말하는 거야? 그런 걸 투자하려면 돈이 많아야 하는 거 아니야?"

"아니, 사람들이 많이 관심 갖는 아파트가 아니라 빌라에 투자를 해 보려고."

"부동산은 아파트를 사야 하는 거 아니야? 우리 아파트도 최근에 많이 올랐잖아. 아파트 투자라면 몰라도 빌라는 아닌 것 같아. 아니면 상가나 오피스텔 그런 게 낫지 않나? 빌라는 사 봤자 계속 가격이 떨어진다고 친구가 말하더라고."

"이미 감가상각이 많이 떨어진 오래된 빌라를 생각하고 있어. 그래서 가격이 떨어지는 건 걱정하지 않아도 돼."

"신축도 아니고 낡은 빌라를 산다고? 너무 위험할 것 같아."

"오히려 그런 선입관 때문에 낡은 빌라는 저렴하게 살 수 있어. 사람들이 많이 관심 갖지 않으니까."

"여보, 싼 건 다 이유가 있어. 누가 그런 집에 살고 싶어 하겠어? 어렸을 때 그런 빌라에 살았는데 곰팡이도 많고, 주차도 불편하고, 보안도 별로인데다 매번 계단으로 4층까지 올라가는 것도 너무 힘들었어. 그리고 아빠가 누수 때문에 위층 아저씨랑 소리를 지르면서 싸웠던 기억이 아직도 생생해. 난 빌라에 안 좋은 기억뿐이야."

"그런 점들도 있긴 하지. 하지만 그렇기 때문에 저렴하게 살 수 있잖아. 빌라의 장점들도 충분히 있거든. 무엇보다 싸게 사면 괜찮지 않을까?"

"아무리 오래된 빌라라고 해도 몇천만 원은 할 텐데? 우리가 가진 돈으로는 부족할 거야."

"대출을 받으면 돼. 이건 지금까지 우리가 받았던 대출과는 다르거든. 월세가 나오는 자산에 투자하는 좋은 빚이야. 거부감을 가질 필요 없어."

"아무리 월세를 받을 수 있다고 해도 오래된 빌라에 들어오는 사람이 있을까? 그리고 그런 집을 사면서 빚까지 더 늘린다고? 그렇다면 나는 더 반대야. 지금도 우리 대출이 많은데 빚을 낸다는 건 불안해, 여보."

좋은 빚과 나쁜 빚에 대해 말하려다가 잠시 멈췄다. 설득하기 쉽지 않을 것 같다. 아내는 빌라 투자에 대해서는 부정적인 생각을 가지고 있다. 빈틈을 놓치지 않고 아내가 다시 말을 이었다.

"그리고 앞으로 아기까지 태어나면 지출은 더 늘어날 거야. 차라리 월급을 모아서 대출을 갚으면서 매월 나가는 이자를 줄이는 게 낫지 않을까? 그게 더 안정적인 것 같아. 여보 다른 생각하지 말고 우리 조금만 더 참고 일하자. 힘들어도 딱 10년만 더 회사에서 어떻게든 같이 버티자. 우리 둘이 버니까 대출은 금방 갚을 수 있을 거야. 조만간 차도 바꾸고, 더 넓은 집으로 이사 가자."

회사에서 리더십과 화술 교육 시간에 억지로 읽었던 데일 카네기의 『인간관계론』에서 보았던 문구가 생각난다.

'만일 누군가가 당신에 대한 반감과 악감정을 가슴에 품고 있다면, 이 세상 어떤 논리로도 그 사람을 설득할 수 없다.'

생각을 확장해 본다. 사람과의 관계뿐만 아니라 사물에서도 마찬가지일 것이다. 물론, 아내는 나에 대해 악감정을 가지고 있지는 않다. 하지만 빌라에 대한 부정적인 감정을 가지고 있다. 어떤 사물에 대해 좋지 않은 감정을 가지고 있는 사람에게 아무리 논리적인 방법을 동원해서 설명을 해 봤자 설득할 수 없을 것이다. 아내는 빌라에 대한 어린 시절의 좋지 않은 추억 때문에 자신의 감정을 바꾸기 어렵다. 그래서 다른 투자로 눈을 돌리고 하던 일을 열심히 하자고 말한다. 사람은 원래 생각이든, 행동이든, 무엇인가를 바꿀 때 스트레스가 크다. 그래서 한번 굳어진 생각은 잘 바뀌지 않는다.

부자가 되려면 자산에 투자해야 한다. 수입을 불러오는 좋은 빚을 내야 하고 모든 것엔 장점과 단점이 있으니 장점을 크게 볼 필요가 있다. 그리고 사람들이 많이 가지 않는 길에 오히려 기회가 있다.

하지만 이런 논리로 아내에게 억지로 강요해 봤자 생각의 간격은 좁혀지지 않는다. 오늘은 이 정도에서 후퇴하는 게 좋을 것 같다. 더 밀어붙이면 감정 싸움만 일어날 뿐이다. 이럴 땐 그녀의 의견에 동의해 주고 들어주는 게 낫다. 반드시 오늘 아내와 결론을 내릴 필요는 없으니까.

"알겠어. 여보. 조금 더 생각해 보자."

언제나 내 편이었던 아내가 동의해 주지 않으니 외롭기도 하다. 하지만 그녀에게는 아직 미래를 준비해야 할 동기와 계기가 없다. 회사가 평생 나를 책임져 줄 거라 생각한다. 몸이 아프지 않은 사람에게 아무리 좋은 약을 설명해 봤자 듣지 않는다. 그녀에게 억지로 약을 먹인다면 오히려 독이 될 수 있다. 누구에게나 자신의 때가 있다. 아내는 지금 자신의 때가 오지 않은 것 같다. 조금 더 시간을 두고 이야기해 나가면 된다.

현대판
프롤레타리아

하늘에 구름이 잔득 끼어 있다. 야외 카페 테라스에 자리를 잡는다. 마음이 불편할 땐 하던 일을 멈추고 주변을 바라본다. 횡단보도 앞에 있는 사람들은 신호등에 맞춰 움직인다. 인도 위에 나무들은 바람에 따라 움직인다. 하지만 마음은 시도 때도 없이 움직인다. 억지로 힘쓴다고 모든 게 다 풀리는 건 아니다. 가만히 있어도 저절로 풀리는 일역시 많다.

아내에게는 시간을 두고 이야기하기로 했다. 어떻게 설득해야 할지 조금은 답답하기도 하다. 물론, 아내의 반대가 이해되지 않는 건아니다. 얼마 전까지 나 역시 아내와 같은 생각을 가지고 있었으니까. 아내가 보편적인 생각이고 내가 남다른 생각이다. 한편으로는 확신도 든다. 오래된 빌라에 대해 대부분 부정적인 생각을 가지고 있다면분명히 싸게 살 수 있다. 사람들은 새로운 걸 받아들일 때 처음에는 엉뚱하고 우스꽝스럽다고 생각한다. 그러다 어느 순간 위협적인 것으로 인식되는 단계를 거친다. 그러면 확실하게 믿게 된다.

"영훈아, 주말 잘 보냈어? 오늘은 야외로 자리를 잡았네?"

"구름이 많아서 그런지 바람이 시원한 것 같아서."

"좋아. 야외에서 수다 떨기 좋은 날씨네. 멀리서 보니 생각이 많은 것 같던데 무슨 고민 있어?"

"어제 아내에게 빌라 투자를 해야겠다고 말했어."

"한바탕 언쟁이 있었을 것 같은데?"

"시간이 조금 더 필요할 것 같아."

"그래, 지금 모든 걸 결정할 필요는 없잖아. 그런 건 미뤄도 좋아. 제수씨도 그런 네 마음을 분명히 알아줄 날이 올 거야."

"어제 곰곰이 생각해 봤는데 내가 잘할 수 있을지 좀 두려워."

"뭐가 두려워?"

"네가 말한 부분은 정확히 이해했어. 자산을 산다. 당분간 지출을 줄인다. 그리고 잉여금을 모은다. 차를 바꾸는 건 미룬다. 이사를 가는 것도 미룬다. 어렸을 때부터 돈을 벌면 내 마음대로 돈을 쓰고 살 줄 알았어. 그런데 어른이 되니까 내 인생에서 돈을 가장 많이 벌고 있는데 가장 쓰기가 어려운 것 같아. 사실은 좋은 차도 타고 싶고, 더 넓은 집으로 빨리 이사 가고 싶은 생각도 있거든."

"어쩌면 자본주의가 우리를 움직이는 원동력이 될 수도 있지. 너무 걱정하지 마. 우리가 접근하는 방향은 지출을 줄이려 노력하는 건 아니야. 수입을 늘리자는 측면이지. 그리고 수입을 늘리기 위해 노동의 강도를 올리는 게 아니라 수입을 불러오는 자산을 구매하는 거야. 대신 순서의 차이는 있어."

"자산을 먼저 산다?"

"그렇지. 중산층은 부채를 먼저 사. 하지만 부자들은 자산을 먼저 사고 거기서 나오는 수입으로 부채를 사지. 그리고 자산을 산다는 걸 다른 표현으로 접근할 수도 있어."

"다른 표현?"

"자산이라는 개념을 생산 수단으로 접근하는 거지."

"그건 또 무슨 말이야?"

"혹시 월급이 절반으로 줄었는데 그만두지 못한 이유에 대해서 생각해 본 적 있어?"

"글쎄……."

생각해 보면 월급이 줄었다고 당장 내일 밥은 먹을 수 있을지를 걱정하는 것은 아니다. 솔직히 말하면 자존심이 상한다. 어쩐지 회사가 나와 직원들을 무시한다는 생각도 든다. 그런 대우를 받았다면 과감히 회사를 뛰쳐나와야 하는 게 자연스럽다. 그런데 나는 왜 회사를 박차고 나오지 못하는 걸까? 물론 다른 회사로 옮길 생각도 했다. 하지만 경기 불황으로 직원을 뽑는 회사가 많지 않다. 지금 다니고 있는 회사가 아니면 더 나은 자리가 없다.

"혹시 '프롤레타리아'라고 들어봤니?"

"사회주의에서 노동자, 뭐 그런 뜻으로 쓰는 말 아니야?"

"맞아. 1867년 마르크스는 『자본론』에서 생산 수단을 갖추지 못한 노동자를 프롤레타리아라고 규정했어. 스스로 생산을 하지 못하기 때문에, 자본가에게 의지해 살아가야 하는 사람을 말하지."

"자본가와 반대 개념 정도로 보면 되겠네. 그런데 오래된 책에서 말한 건 갑자기 왜 물어보는 거야? 약간 구시대적인 거 아니야?"

"회사를 그만둘 수 없는 이유를 나는 여기서 찾았거든. 회사원에게는 생산 수단이 없어. 그래서 생산 수단을 가지고 있는 회사 사장, 즉 자본가에게 의지해서 살아가지. 그래서 회사를 그만두면 스스로 생계를 유지할 수 없는 거야."

"맞아. 무엇보다 먹고사는 게 중요하니까."

"결국 생산 수단이 없는 회사원은 회사를 그만둘 수 없게 되지."

"네 말을 들어 보니 내가 프롤레타리아와 다른 게 없는 것 같아. 약간 쓸쓸한데……."

내 존재가 나뭇잎 같다고 느낀 이유가 여기 있었다. 나뭇잎은 나무가 없으면 혼자 존립할 수 없다. 나뭇잎은 프롤레타리아였고 나무는 자본가였다.

"앞에서 말한 자산을 구입한다는 말을 생산 수단을 구매한다고 정의해 봐. 프롤레타리아는 생산 수단이 없어서 회사를 그만둘 수 없잖아. 그럼 비록 지금은 생산 수단이 없지만, 회사를 다니면서 노동력으로 생산 수단을 만들면 돼."

"너는 생산 수단으로 낡은 빌라를 선택했구나."

"그렇지. 나 역시 회사에 위기가 왔을 때 바로 그만두고 싶었어. 하지만 그렇게 하면 나뿐만 아니라 우리 가족에게 더 큰 위기가 찾아올 것 같더라고. 그래서 회사를 다니면서 준비하기로 했어. 그 뒤로 내가 만든 생산 수단의 크기가 월급보다 커졌을 때 회사를 그만둔 거야. 이제 회사가 없어도 살 수 있어. 자본가에 의지하지 않아도 스스로 존립할 수 있는 거지."

"그렇게 생각하니 희망이 생긴다. 그런데 내가 부동산을 공부한 사람도 아닌데 잘할 수 있을까? 부동산 대학원에 가거나 부동산 자격증이라도 취득해야 하지 않을까?"

"맞아. 그렇게 생각할 수도 있겠다. 너도 알겠지만 나 역시 부동산을 전문적으로 공부한 사람은 아니야. 영훈아, 하나만 물어볼게. 최근에 이직하려고 회사를 알아보면서 느낀 점 없었어?"

"느낀 점? 어떤 거 말하는 거야?"

"분명히 경력직을 찾아봤을 거라는 생각이 들어서."

"오, 맞아. 회사에서 경력을 쌓으면 이직하는 게 수월할 줄 알았는데 오히려 선택의 폭이 좁아지는 느낌이 들었어."

"회사를 다니면 다닐수록 이직하기 어려운 이유가 있어. 바로 점점 더 전문가가 되기 때문이야."

"전문가? 내가 전문가라고 생각해 본 적은 한 번도 없어."

"넌 8년 동안 한 분야에 몸을 담고 있었던 전문가야."

생각해 보니 맞다. 8년이 넘게 한 회사를 다니다 보니 나름 이 분야의 전문가다. 자연스럽게 내가 가진 경력을 가지고 다른 회사를 찾는다. 아무 경력 없이 일하는 것보다 경력을 가지고 일하면 보수가 더 좋다는 생각 때문이다.

"영훈아, 전문가에 관한 한 가지 이야기를 들려줄게. 버크민스터 풀러라는 사람이 쓴 『우주선 지구호 사용설명서』에 나온 이야기야. 특별한 미세 해양 생물을 먹고 사는 새가 있다고 생각해 봐. 이 새들은 날아다니다가 특정한 섬에 자신들의 먹잇감이 많다는 걸 알게 돼. 그래서 힘들게 먹이를 찾으러 이리저리 날아다니기보다는 해안의 습지에 모여서 살기로 결정하지. 시간이 지나면서 극지방의 만년설이 증가하고, 습지의 물 역시 빠져나가게 돼. 그 결과 부리가 긴 새들만 습지의 구멍 깊숙한 곳에 있는 해양 생물을 잡아먹을 수 있게 되었대. 자연스럽게 부리가 짧은 새들은 먹이를 구하지 못해 죽음을 맞이했고, 이제 그 섬에는 부리가 긴 새들만 남게 된 거야. 세대를 거듭할수록 긴 부리에 유전자가 집중되는 현상이 더욱 심해졌지. 시간이 지나면서 물은 더 빠져나가고 새들의 부리는 더 길어지게 돼. 그러던 어느 날, 이 습지에 큰불이 난 거야. 그제야 새들은 자신들의 부리 때문에 예전처럼 날 수 없다는 걸 알게 되지. 그들은 부리가 너무 길어서 무거워졌기 때문에 날아오르지 못했거든. 달아나지 못한 새들은 결국 죽음을 맞이한 거야. 이게 버크민스터 풀러가 말한 지나친 전문화 때문에 멸종이 일어나는 전형적인 사례야. 영훈아, 한 가지만 잘한다는 건 어쩌면 너무 위태로운 일일 수 있어. 그런데 우리 사회는 전문가가 되는 걸 권하지."

"맞아. 어렸을 때부터 전문가가 되어야 한다고 생각했어. 그런데 이제 네 이야기를 듣고 보니 전문가는 전체를 보지 못하는 것 같다는 생각이 들어."

"자본주의의 생산량 극대화는 산업의 분업화를 가져왔어. 분업은 노동의 형태를 변화시켰지. 현대 이전의 사회에서는 자신이 하는 일을 전체적으로 관리했지만 분업화가 탄생한 이후로 노동자는 굳이 일에 대한 전체적인 전망을 가질 필요가 없었던 거지."

"분업화는 결국 전문가를 원할 수밖에 없는 구조인 것 같아. 그런데 어쩌면 전문가는 한 가지 일만 잘하는 사람으로 볼 수도 있잖아. 한 가지 일만 잘하는 사람은 혼자서 서기 힘들 수 있고, 결국 전문가가 된다는 건 누군가에게 의존해야 하는 프롤레타리아가 되는 것이란 생각도 들어."

"그럴 수도 있겠는데."

그가 활짝 미소를 짓는다. 나는 자본주의 안에서 살고 있다. 국가, 회사, 개인 모두 자본주의 시스템 안에서 움직인다. 자본주의의 본질은 생산 수단을 가진 자와 가지지 못한 자로 나뉜다. 자본가라고 불리는 사람은 생산 수단을 가지고 있다. 그래서 이 수단을 이용하여 노동자를 고용하고 남는 잉여금을 취한다. 반대로 노동자는 생산 수단이 없기 때문에 자본가에 의지해 살아가야 한다.

물론 현재의 국가와 정치, 사회에 대해 불만을 표현하고 싶지는 않다. 지금이 봉건주의 사회였다면 나는 기회조차 없었을 것이다. 그래서 나는 오히려 이 제도에서 나에게 유리하게 이끌어갈 수 있는 장점이 무엇인지 찾아보았다. 이 시스템에서 자유롭게 살아가는 방법은 단 한 가지밖에 없다. 생산 수단을 취득하는 것. 그게 현대판 프롤레타리아가 자본가로 변신하는 길이다.

"영훈아, 타이타닉은 관련 학과에서 공부한 전문가들이 만들었지만, 노아의 방주는 독학으로 만들었어. 누가 생존했는지 잘 생각해 봐. 너는 전문가보다 더 유연하게 생각할 수 있어."

"고맙다. 이준아."

투자의
취향

"영훈아, 투자해 본 경험 있어?"

"투자라고 말하긴 거창하지만, 아내 몰래 마이너스 통장을 만들어서 주식 투자를 해 본 경험은 있어."

"그랬구나. 지금도 계속하고 있는 거야?"

"아니, 난 이제 다시는 주식은 쳐다보지도 않아. 주식 시장을 완전히 떠났지."

"무슨 일이 있었구나."

"아무에게도 말하지 못하고 속앓이하고 있었는데, 너에게는 말해도 될 것 같네. 처음에는 가지고 있던 비상금 1백만 원으로 시작했어. '없어도 되는 돈'이라 생각하고 가벼운 마음으로 투자했지. 그런데 내가 투자한 주식이 계속 오르는 거야. 그랬더니 욕심이 나더라고. 1백만 원에 10%면 10만 원인데, 1천만 원에 10%면 1백만 원, 1억 원에 10%면 1천만 원을 벌었겠다는 생각이 드는 거지. 당시에는 드디어 회사를 그만둘 수 있는 방법을 찾았다고 생각했어. 그런데 수중에 돈이 없잖아."

"그때 마이너스 통장을 만든 거구나."

"맞아. 바로 은행으로 달려갔지. 회사를 다니고 있으니 마이너스 통장을 만드는 건 어렵지 않았어. 그 돈을 가지고 수익이 났던 주식 종목에 다시 투자했지."

"굉장히 과감한데. 그래서 어떻게 됐어?"

"하루 종일 마음이 주식에 가 있더라고. 출퇴근하면서, 회사 일하면서, 사람들과 이야기하면서도 주식 생각만 났어. 심지어는 화장실에서도 스마트폰으로 주식을 사고팔았어. 빨간색은 기분이 좋은 날, 파란색은 기분이 우울한 날이었지. 매일 롤러코스터를 타는 기분이었어. 그런데 내가 투자한 회사의 워크아웃 소식 때문에 하루에 1백만 원씩 주가가 떨어지더라고. 그때는 정말 끔찍했어."

"마음이 진짜 힘들었을 것 같다."

"맞아. 일상생활에 지장을 줄 정도였어. 열심히 일해서 번 돈을 한순간에 허공에 날려 버린 느낌이었지. 아내에게 너무 미안하고, 회사 생활도 하기 싫어지고, 사람도 만나기 꺼려지더라고. 패배감에 절어 있었어. 그런데 무서운 건 주식으로 매일 손해를 보는데 팔지 못하겠는 거야."

"왜 팔지 못했을까?"

"다시 주가가 올라갈 수 있다는 생각이 들었거든. 주식을 팔았는데 다시 반등하면 더 속상할 것 같더라고."

"공감된다. 그런데 그런 특성은 너만 가지고 있는 건 아니야."

"너도 그런 경험이 있어?"

"물론이지. 그건 인간의 특성이 아닐까? 어떤 행동을 했을 때 발생하는 손실을 작위에 의한 손실이라고 해. 그리고 어떤 행동을 하지 않았을 때 발생하는 손실을 부작위에 의한 손실이라고 하고. 그런데 인간은 작위에 의한 손실은 두려워서 잘 실행하지 못하는 경향이 있어. 반대로 부작위에 의한 손실은 잘 참는 경향이 있지."

"정리해 보면 이렇게 되겠네."

1. 행동을 했을 때 발생하는 손실 : 작위에 의한 손실 → 잘 실행하지 못하는 경향이 있음.
2. 행동을 하지 않았을 때 발생하는 손실 : 부작위에 의한 손실 → 잘 참는 경향이 있음.

"맞아. 만약에 주식 가격이 계속 떨어진다고 생각해 봐. 자신이 정한 선에서 손해를 보고 팔아야 하는 데 행동하기가 어렵지. 왜냐하면 파는 순간 손실로 다가오니까. 인간은 작위에 의한 손실은 두려워하잖아."

"그 마음이 정확히 이해가 돼."

"그래서 보통 사람들은 끝까지 기다리지. 주가는 계속 떨어지고 손실을 보고 있지만 버티는 건 잘해. 인간은 부작위에 의한 손실을 잘

견디니까. 너도 그렇고 나 역시 분명히 이런 성향을 가지고 있겠지? 그래서 그때 주식은 그만둔 거야?"

"아니, 너를 진작 만났어야 하는데…… 그때는 그만둘 수가 없었어. 어떻게든 원금만 회복하자는 생각이었어. 손해를 많이 보긴 했지만 절반의 돈이 남아 있었거든."

"그래서 또 투자를 한 거야?"

"맞아. 내가 전문가가 아니기 때문에 실패했다고 생각했어. 그래서 전문가의 도움을 받기로 했지."

"어떤 전문가인데?"

"유명한 투자 카페에서 정보를 찾아보니 월 이용료를 내면 프리미엄 서비스를 가입할 수 있더라고. SNS 채팅방에 회원들을 모아 종목별로 매수 가격과 매도 가격을 제시해 줘. 전문가가 말한 대로 따라만 하면 돈을 벌 수 있다는 거야."

"그런 방법도 있구나. 그런데 의심스러울 정도로 너무 돈 벌기가 쉬운데?"

"내가 봐도 그땐 바보 같았어. 한두 개 종목은 운 좋게 맞혀서 수익이 났지만, 대부분은 손해를 봤어. 손해가 너무 커서 업체에 전화를 걸어 따졌지. 그랬더니 '세계적인 무역 분쟁 때문이다' '신종 바이러스로 인한 경기 위축이다' 같은 원론적인 이야기만 하면서 계속 책임을 미루기만 하더라고. 그래서 바로 카페에서 탈퇴했어. 이제 주식은 절대로 쳐다보지도 않아."

"상심이 컸겠다."

"금전적인 손해도 가슴이 아팠지만 희망이 사라졌다는 사실이 더 힘들었어."

"무엇보다 투자에서 가장 중요한 건 배우는 거라 생각해. 그런데 네가 했던 투자는 별로 배울 수 있는 게 없다는 생각이 들어. 혹시라도 네가 그 방법으로 수익이 났어도 계속 그 업체에 의존할 수밖에 없잖아. 남이 도와준다고 무조건 좋은 건 아니야. 배움 안에는 홀로 설 수 있는 힘이 있어야 해."

"네 말이 맞아. 그런데 배운 것도 있어."

"그렇다면 다행이다. 그런데 뭘 배웠어?"

"주식은 나와 맞지 않는다는 걸 깨달았지. 어렸을 때 놀이동산에 가서 롤러코스터는 나와 맞지 않다고 생각한 것처럼."

"그건 무슨 말이야?"

어렸을 적 놀이동산에 가면 롤러코스터를 탔다. 처음 만나는 코스는 높은 비탈이다. 열차는 비탈을 서서히 올라간다. 앞이 잘 보이지 않으니 별로 두려운 줄 모른다. 그러다가 열차가 레일 정상에 오르면 더 늦기 전에 내려야 한다는 생각을 한다. 그런 생각을 하는 동시에 열차는 이미 급경사를 내려간다. 비명인지 환호성인지 모를 소리를 지른다. 나는 눈을 감는다. 되도록 빨리 이 고문을 끝나가게 해달라고 빈다. 하지만 금방 멈추지 않는다. 열차는 아래로 향했다가 다시 솟구쳐 오른다. 머리가 위아래로 마구 흔들린다. 땅 아래로 튕겨질 것 같다. 이런 두려움을 맛보자고 돈을 쓰다니. 정말 어처구니가 없다. 생각해 보면 롤러코스터는 나와 맞지 않았다. 사람들에게 겁쟁이로 보일까 봐 억지로 롤러코스터에 올랐다. 하지만 지금은 과감하게 거절한다. "타지 않겠습니다." 이제는 겁쟁이로 보여도 상관없다.

"맞아. 좋은 투자와 나쁜 투자가 있다고 생각하지 않아. 네 말대로 롤러코스터를 좋아하는 사람도 있고 그렇지 않은 사람도 있어. 주식 투자 역시 잘 맞는 사람이 있고 그렇지 않은 사람도 있지. 투자에 정답은 없으니까."

"주식 투자가 나와 맞지 않다고 알게 된 것도 배운 거라고 생각할 수 있지 않을까?"

"맞아. 나도 동의해. 투자에서 가장 중요한 건 나와 맞는 투자를 하는 거니까. 그래서 투자를 시작할 때 나 자신에 대해서 생각을 많이 했어. '나는 어떤 투자와 잘 맞을까?' 하고 말이야. 사람들이 좋다고 말하는 투자가 아니고 나에게 맞는 투자를 생각했지. 나 역시 너처럼 작위에 대한 손실을 두려워하고, 부작위에 의한 손실을 잘 참는 사람이거든. 그리고 롤러코스터를 좋아하지 않는 사람이야."

"그래서 찾았어?"

"우리와 같은 성향에 딱 맞는 방향의 투자가 있지."

"그게 뭔데?"

"현금 흐름 투자."

자본 이득
투자

"현금 흐름 투자를 설명하기 전에 투자의 두 가지 방향에 대해서 설명해 줄게."

"두 가지 방향?"

"맞아. 한 가지는 자본 이득 투자고 나머지는 현금 흐름 투자야. 네가 경험했던 주식 투자가 정확히 자본 이득을 생각하고 실행한 투자라고 볼 수 있겠다."

"그게 무슨 이야기야? 자세히 얘기해 봐."

"자본 이득 투자는 낮은 가격에 사서 높은 가격에 파는 형태의 투자 방법이야. 너도 주식을 낮은 가격에 사서 비싼 가격에 팔기 위해 투자한 거지?"

"당연하지. 내가 투자한 돈의 2배가 되면 팔려고 했지. 대부분 투자는 그렇게 하는 거 아니야?"

"대다수 사람들은 팔기 위해 투자를 하지. 그런데 나는 사기 위해 투자를 해."

"사기 위해서 투자를 한다?"

"맞아. 투자에서 이익을 내는 방법은 사실 굉장히 단순해. 오래 보유하고 있으면 되거든."

그는 태블릿 PC에 몇 가지 그래프를 보여 준다. 나는 무엇에 관한 통계인지 궁금해서 항목을 확인해 보았다. 첫 번째는 30년 동안의 전국 주택 매매 가격 변동률, 두 번째는 30년 간의 코스피 지수, 세 번째는 30년 동안의 금 시세였다.

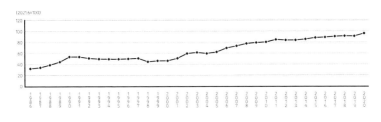

| 전국 주택 매매 가격 변동률 |

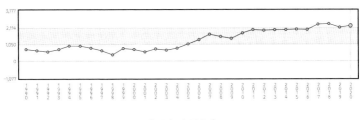

| 코스피 지수 |

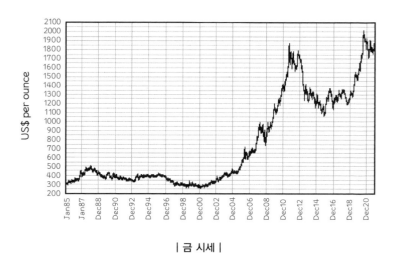

| 금 시세 |

"영훈아, 이 세 가지 그래프의 공통점을 찾을 수 있겠어?"

"글쎄. 변동성이 심해서 잘 모르겠어. 비슷하게 상승하는 구간도 있고 그렇지 않은 구간도 있어."

"맞아. 짧게 보면 그렇지. 그러면 좀 길게 바라보자. 각각 90년대 초의 가격과 현재의 가격을 비교해 봐. 어떤 것 같아?"

"그건 너무 간단한데. 주택, 코스피, 금 모두 30년 전에 비해 모두 가격이 올라갔어."

"맞아. 각각을 짧은 시간 동안 놓고 보면 변동성이 심하겠지. 하지만 길게 놓고 보면 모두 우상향을 하고 있어. 그래서 나는 언제 오를지를 생각하는 게 아니라 어차피 오르기 때문에 오래 가지고 있는 방향을 선택했어."

"그렇게 생각하면 복잡하지 않네. 마음이 조금 편해지는 것 같아.

사실 주식 투자를 하면서 언제 어떤 종목이 오를지를 예상하기 위해 노력을 많이 했어. 그런데 공부를 하면 할수록 알아야 할 것들이 많아지고, 정보를 얻으면 얻을수록 변수들이 많아지더라고. 내가 어떻게 세계적인 무역 분쟁과 전염병을 예측할 수 있겠어."

"전문가들도 그런 변수는 예상하기 쉽지 않을 거야. 그래서 투자할 때 예측하고 행동하지 않기로 했어. 천재 물리학자 뉴턴도 예측하지 못했는데 내가 어떻게 앞날을 예측할 수 있겠어."

"그게 무슨 말이야?"

"천재 과학자 뉴턴도 주식 투자로 큰돈을 잃은 적이 있거든. 그는 78세이던 1720년에 당시 남미 지역 독점 무역권을 따낸 사우스시컴퍼니(South Sea Company)라는 회사에 투자했어. 남미 국가들과 노예 무역을 하던 이 회사의 주가는 하늘 높은 줄 모르고 폭등했지. 그는 주식을 모두 팔아 치워서 석 달 만에 투자 원금의 4배를 벌어들였어. 이로 인해 '투자의 귀재'란 명성까지 얻었고."

"물리학에서만 천재인 줄 알았는데 투자에서도 천재였네."

"과연 그럴까? 조금만 더 들어봐. 뉴턴은 돈 벌기가 정말 쉽다고 생각했겠지. 그런데 팔아 치운 주식이 계속 오르는 거야. 고민하던 끝에 그는 오른 가격에 주식을 다시 사들였어."

"그렇게 좋은 머리로 계산했으니 나름의 이유가 있었겠지."

"그런데 결국 이게 화근이었어. 그해 말 남미 대륙에 대한 무역 가치가 떨어지면서 사우스시컴퍼니의 주가가 바닥으로 떨어지고 주식은 휴지 조각이 됐어. 천재 과학자 뉴턴조차 주식 시장의 미래를 예측할 수 없었던 거야."

"왠지 나와 처지가 비슷한데."

"뉴턴은 주식 시장을 수학으로 계산할 수 없다는 사실을 알고 '천체의 움직임을 계산할 수는 있지만 사람들의 광기까지 계산할 수는 없다'라는 유명한 말을 남을 남겼어."

"사람의 욕심이 개입하면 천재 물리학자라고 해도 역시 계산하기 어렵겠어."

"그래서 미래에 대해 계산하는 건 그만뒀지."

"나도 다시 한번 생각해 봐야겠는데."

"예측에 대해 한 가지 더 이야기를 해 줄게. 유발 하라리의 『사피엔스』라는 책을 보면 예측에 대한 흥미로운 글이 있어. 카오스계는 크게 두 가지가 있대. 1단계 카오스는 자신의 예측에 반응을 하지 않는 카오스야. 예를 들어 날씨가 1단계 카오스계야. 날씨는 무수히 많은 요인의 영향을 받지. 하지만 우리는 점점 더 많은 요인을 고려하는 컴퓨터를 만들어 정확하게 예보할 수 있어."

"그렇지. 물론 슈퍼컴퓨터를 활용한 예보가 아직 틀리는 경우도 있지만, 맞힐 확률은 앞으로 점차 높아질 것 같아."

"2단계 카오스는 어떤 예측이 미래 시장에 반응하는 카오스야. 그래서 정확한 예측이 불가능하지. 만약에 천재적인 투자자가 내일의 삼성전자 주식 가격을 100% 정확히 예측하는 프로그램을 개발하면 어떻게 될까? 현재 가격이 주당 5만 원인데 내일은 6만 원이 될 거라고 예측한다고 생각해 봐. 그러면 거래인들은 그 예측에 따른 이익을 보기 위해 급히 매입 주문을 내겠지. 그 결과 가격은 내일이 아니라 오늘 주당 6만 원으로 변할 것이고. 그러면 내일은 어떤 일이 일어날지 아무도 모르게 돼."

"살아 있는 생물 같다. 예측으로 인해 현재가 변하게 되는구나."

"그렇지. 시장은 그렇게 살아 움직인다고 생각하면 돼. 주식도 그렇고, 부동산 역시 그렇고. 그래서 나는 예측하지 않고 사서 보유하고 기다리기로 했어."

"가지고 있으면 언젠가는 오르니까?"

"그렇지."

이준이가 말한 관점대로 생각해 본다. 이건 부동산에만 해당하는 건 아니다. 그리고 어떤 대상에 투자하는지가 중요한 게 아니다. 그러면 뭐든지 오래 가지고 있으면 돈을 벌 수 있다는 뜻이다. 투자는 굉장히 단순하다. 단순하게 바라보면 쉬워지고, 복잡하게 바라보면 어려워진다. 그리고 오래 보유하겠다고 생각하면 쉬워지고, 빨리 팔겠다고 생각하면 어려워진다. '언제 팔아야 하지?'라고 생각하는 순간 마음이 불편해진다. 정부의 정책에 휘둘리게 되고, 겉만 번지르르한 전문가에게 수백만 원을 지불하기도 한다. 그 거래를 많이 하면 할수록 더 불안해지고 더 바빠진다. 또한 노력한 수익의 절반을 정부에게 나눠 줘야 하고, 중간 상인들의 배만 채워 줄 수도 있다. 하지만 이준이의 말을 따라가 보자면 나는 오래 가지고 있을 수 있는 방법만 생각하면 된다.

그러면 오래 가지고 있을 수 있는 방법은 무엇일까?

현금 흐름
투자

구름이 더욱 어두워지고 바람도 조금 더 강해진다. 자리를 안쪽으로 옮길까 하다가 그만둔다.

"투자의 방향은 어떤 방법으로 물고기를 잡을까를 생각하는 것과 같아."

"낚시를 말하는 거야?"

"맞아. 낚시도 물고기를 잡는 방법 중에 하나겠지? 자본 이득 투자가 바로 낚시와 같다는 생각이 들더라고. 일단 1억 원의 미끼를 강에 던질 거야. 그리고 '1억 5천만 원이 오면 낚싯대를 당겨야지'라고 생각할 것이고."

"맞아. 내가 그런 방식으로 생각하고 투자했어."

"한 가지 확실한 건 1억 5천만 원은 온다는 거야. 하지만 그게 언제 올진 아무도 모르지."

"앞에서 네가 한 말들을 생각해 보니 이해가 돼. 그 가격이 내일 올지, 한 달 뒤에 올지, 1년 뒤에 올지, 10년 뒤에 올지 모르지. 그걸 알았다면 점쟁이를 하는 게 돈을 더 많이 벌 거야."

"그래서 투자는 기다리는 힘이 중요해."

"마치 낚시처럼 말이지?"

"그래. 몇 년 전에 낚시를 하면서 좋은 경험을 했어. 한참 낚시에 빠져 있을 때였거든. 매주 주말마다 남한강 지류, 나만의 포인트로 향했지. 우선 캐스팅을 하고 낚싯대를 고정시켜. 그리고 앉아서 고기를 기다리지. 그런데 저 멀리서 먹구름이 몰려오는 게 보이는 거야. 빗방울이 점차 굵어지고, 바람까지 세차게 불어. 게다가 천둥과 번개까지 치는 거야. 그런 상황에서 낚시를 계속할 수 있을까?"

"오늘 날씨와 딱 맞는 질문인데? 자리를 계속 지키고 있기는 어려울 것 같아."

"내 생각도 그래. 그런 상황에서 낚싯대를 끝까지 잡고 있는 사람은 많지 않겠지. 갑자기 내리는 비 때문에 낚싯대는 챙기지 못하고 몸을 우선 피했어. 그리고 비가 그칠 때까지 기다렸지. 하지만 비가 그치지 않아 어쩔 수 없이 숙소에서 하룻밤을 보냈어. 다음 날 비가 그쳐 낚시터에 돌아가 보니 낚싯줄이 끊어져 있는 게 아니겠어? 물고기가 낚싯줄을 끊고 간 거야."

"비 오는 날은 강에 용존 산소가 높아져서 고기들의 활동성이 증가한다더니, 월척이 왔다 갔나 보다."

"그럴 수도 있겠네. 그때 문득 낚시가 자본 이득 투자와 같다는 생각이 들었어. 투자 관점으로 본다면 1억 5천만 원이 왔다 갔다는 생각이 들더라고."

"그 이야기 공감된다, 이준아. 몇 년 전에 손해를 봤던 주식 종목들을 최근에 다시 확인해 봤어. 손해를 보고 팔았을 때보다 대부분 2~3배가 높아져 있더라고."

"투자를 하면서 폭등장과 폭락장은 당연히 경험을 할 거야. 폭등한다면 기분이 좋겠지만 폭락할 때는 대처할 수 있는 방법이 별로 없는 것 같아. 오로지 버티는 방법밖에. 낚시를 하면서 폭우와 폭풍을 견뎌내야 하는 것처럼 말이야."

"나도 그걸 견디지 못하고 손해를 보고 주식을 판 거지."

"나 역시 마찬가지야. 외부 상황에 크게 영향이 있는 자본 이득 투자는 나와 맞지 않다고 생각했어. 반면에 현금 흐름 투자는 내가 견딜 수 있겠더라고."

"현금 흐름 투자는 어떤 건데?"

"물고기를 잡는 것에 비유하면 강에 그물을 쳐 놓는 것과 같아."

"그물을 쳐 놓고 기다린다?"

"그렇지 강에 물고기는 어차피 지나가니까. 나는 기다리기만 하면 되지. 기다리는 방법은 낚시와는 조금 달라. 낚싯대 앞에서 기다리는 게 아니라 그물을 쳐 놓고 나는 다른 일을 하면 돼."

"그렇네. 그물을 쳐 놓고 가족들과 시간을 보내도 되고, 낮잠을 자도 되고, 독서를 해도 되고, 무엇보다 폭풍우가 몰려와도 영향을 받지 않을 것 같아."

"그렇지. 그게 그물로 물고기를 잡는 가장 큰 장점이야. 외부 상황에 영향을 덜 받으니 기다리는 건 어렵지 않겠지. 그리고 가능한 한 오래 기다릴 거야."

"네가 앞에서 30년 동안의 전국 주택 매매 가격, 코스피 지수, 금시세 그래프를 왜 보여줬는지 이제 알 것 같아."

"모든 자산은 시간이 오래 지날수록 가격이 상승하니까. 우리는 기다리기만 하면 돼."

"굉장히 간단한데?"

"가장 쉬운 방법이지만 반대로 가장 어려운 방법이야. 일반적으로 기다리는 건 쉽다고 생각할지 모르겠지만 사람들은 기다리는 걸 잘하지 못해. 어쩌면 너도 기다리기만 했으면 주식에서 수익을 봤을 수도 있잖아."

"맞아. 언제 올라갈지 모르니까 기다릴 수 없었지. 확신이 부족했다는 생각도 들고."

"그건 나였어도 마찬가지였을 거야. 기다림에 대한 재미있는 이야기를 하나 해 줄게. 예전에 미국 CIA에서 첩보 요원이 될 사람을 뽑기 위해 썼던 방법 중 한 가지야. 인내심 있는 인재를 뽑기 위한 아주 간단한 방법이었지."

나는 그의 말에 귀를 기울였다.

"누군가 구인 광고를 냈어. 그런데 이 광고에는 필요한 서류나 이력서를 제출하라는 문구는 없었어. '관심이 있는 모든 지원자는 오전 7시까지 모처의 사무실로 올 것'이라고만 되어 있었지. 그 광고를 보고 수백 명의 구직자들이 찾아왔어. 그런데 한 시간이 지나도 아무도 그들을 데리러 오는 사람은 없는 거야. 그리고 또 한 시간이 흐르자 참을성 없는 지원자들은 기다림에 지치기 시작했지. 결국 바쁜 사람을 오라고 해 놓고 이게 뭐 하는 거냐고 화를 내면서 자리를 떠나게 돼. 그런 사람들이 점차 늘어나고 점심 때가 되면 절반은 사라지지. 저녁 식사 시간쯤 되면 그에 절반이 또 사라지고. 마침내 자정이 되는 거야. 그때까지 남아 있는 사람은 한두 명 뿐이겠지. 그들은 자동적으로 고용이 되는 거야."

"기다리기만 했으면 합격했겠네."

"그렇지. 만약 구직자들에게 가장 오래 기다리는 사람에게 채용 기회를 주겠다거나 기다리는 시간당 1만 원씩 제공한다는 등의 설명이 있었다면 결과는 달라졌겠지."

"그런 설명이 있었다면 며칠, 몇 달을 기다릴 수 있을 것 같아."

"동기와 보상이 있으면 기다리기 훨씬 쉽겠지. 현금 흐름 투자는 기다리기 쉽거든."

"기다리기 쉽다?"

"이 사례를 현금 흐름 투자에 적용해 봐. 가장 오래 기다리는 사람에게 채용 기회를 주겠다는 말을 '30년 후에 팔겠다'라는 생각으로 방향을 잡으면 돼. 그러면 모든 부동산은 지금 가격보다 당연히 높아진다는 생각을 가질 수 있을 거고, 기다릴 수 있는 동기까지 만들 수 있지."

"그리고 보상은 월세를 생각했구나."

"그렇지. 우리는 자산을 샀기 때문에 수입을 불러오잖아. 즉, 월세가 나오니까. 기다리는 시간당 1만 원씩 제공한다는 말을 '월세를 받는다'라는 뜻으로 생각하면 돼. 월세라는 보상을 생각하면 30년도 기다릴 수 있을 거야."

"좋은 아이디어인데. 기다리는 관점에서 본다면 현금 흐름 투자만 한 게 없는 것 같아."

친구의 말에 일리가 있다는 생각이 들었다. 물고기를 잡는다는 말은 같아도 낚시로 잡느냐, 그물로 잡느냐에 따라 사람의 마음은 달라진다. 투자를 하는 것 역시 자신이 어떤 방법으로 투자를 할 것인가에 따라 투자자의 마음가짐이 달라진다. 시간이 지나면 어차피 자산의 가격은 상승한다. 그래서 나 역시 기다리는 방법을 선택하기로 했다. 기다리는 방법이 모두에게 잘 맞는 투자라고 생각하지는 않는다. 단지 나에게는 잘 맞는 방법이라고 생각한다.

갑자기 빗방울이 떨어진다.

"비가 많이 쏟아질 것 같은데, 오늘 수업은 여기까지 할까?"

"그래. 우산도 없으니 집에 가는 게 좋겠다. 모레 보자. 이준아."

집으로 발걸음을 향한다. 집에 도착하니 비가 쏟아진다. 한여름의 소나기이다. 소나기가 오면 피해야 한다. 그 속에서 버티고 있는 건 용감한 사람이 아니라 무모한 사람일 수 있다. 그물 투자가 나에게 잘 맞는 방향이라는 확신이 든다.

동물의
왕국

아침 7시, 오늘은 회사에 일찍 도착했다. 사장님께는 죄송하지만 회사 일을 하기 위함은 아니다. 직원들이 출근하기 전에 인터넷으로 부동산 매물을 찾아본다. 지난번 언쟁 이후로 오래된 빌라에 투자한다고 아내에게 말도 꺼내지 못했다. 우선 괜찮은 매물을 찾은 후에 상의해도 늦지 않을 것 같다.

지역은 수도권으로 설정하고, 매물 종류는 빌라로 선택한다. 거래 방식은 매매, 가격대는 1억 원 이하로 맞춰 놓는다. 마이너스 통장 2천 5백만 원과 적금 5백만 원, 내가 움직일 수 있는 돈 3천만 원으로 담보 대출을 받아 살 수 있는 낡은 빌라를 지도에서 찾는다. 생각보다 꽤 많은 부동산 매물이 있다. 인터넷에는 집 내부 사진과 위치가 자세히 설명되어 있다. 대부분 오래된 빌라라 사진에서 보이는 모습이 썩 마음에 들지 않는다. '이런 집에 사람이 살 수 있을까?' 하는 생각까지 든다. 수십 개의 물건 중에 마음에 드는 부동산을 5개 고르고, 모니터 오른쪽 아래에 있는 시계를 확인한다. 회사 일을 할 땐 시간이 그렇게 느리게 가더니 빌라를 보는 데에는 1시간이 훌쩍 지났다. 슬슬 직원들이 출근할 시간이다. 부동산 중개소 위치와 연락처를 메모한다. 퇴근하고 부동산에 방문할 계획을 짠다. 갑자기 머리 뒤쪽으로 차가운 인기척이 느껴진다. 급하게 'alt + tab' 신공을 쓴다.

"김영훈 대리, 어쩐 일이야? 일찍 왔네?"

"아, 정 차장님, 오늘 보고서 제출하는 데 시간이 부족할 것 같아서 조금 일찍 나왔어요. 오늘은 퇴근하고 일이 있어서요."

다행히 눈치를 채지는 못한 것 같다. 사실, 보고서는 지난주에 이미 끝내 놨다.

"그렇게 회사 일 열심히 하지 말라니까. 요즘 일도 많이 없는데 근무 시간에 천천히 하면 되지. 받는 월급만큼만 일하라고."

"아, 네. 알겠습니다."

"참, 그 소식 들었어?"

"어떤 소식이요?"

"오늘 임원 세 분이 퇴직하셔."

"그건 알고 있었어요. 임원은 계약직이니 이런 상황에서는 파리 목숨이네요."

"그중에 한 분이 김 전무님이래."

"네? 차기 본부장으로 가실 분이잖아요. 전무님처럼 실력과 인성 둘 다 좋은 분은 없을 텐데요."

"그러게, 회사의 진급과 생존은 실력에 비례하는 건 아닌가 보다. 사내 정치 싸움에서 입지가 좁아졌나 봐. 지금 본부장 세력이 엄청나 잖아. 자신에게 위협이 되는 사람은 미리 처단하는 거지. 핍박을 버티지 못하고 결국 물러나기로 하셨대."

"약간 무서운데요."

김 전무님. 직원들을 잘 챙겨 주셨고, 업무 능력도 훌륭하시다. 가정보다 회사 일을 우선하셨고, 회사가 성장하는 데 큰 공을 세우셨다. 나는 그분처럼 모든 걸 희생하면서 회사에서 일할 자신이 없다. 능력으로만 본다면 회사에서 제일 오래 남아 있어야 할 사람이다. 짐을 싸는 계약직 임원들을 바라본다. 인사를 하고 헤어졌다. 25년의 화려한 회사 생활도 끝은 초라하다. 눈치 빠른 본부장은 어수선한 분위기를 느낀 듯했다. 직원들을 회의실로 소집한다.

"직원 여러분은 걱정할 것 없습니다. 회사의 일시적인 어려움을 극복하기 위함입니다. 회사 상황은 조금씩 좋아지고 있습니다. 몇 달만 지나면 격일 근무도 정상화될 것입니다. 그때까지 조금만 기다리고 참아 주십시오."

본부장은 수백 번의 전투에서 승리를 하고 온 장수의 모습 같다. 불현듯 하마를 주제로 한 TV 다큐멘터리가 생각난다.

'아프리카의 호수 속에는 많은 하마들이 모여 있습니다. 그들은 호수 속에서 진흙 마사지를 즐기죠. 하마들은 진흙 마사지를 좋아합니다. 아프리카의 뜨거운 햇살과 벌레들의 공격을 피하려면 진흙 속에 몸을 파묻고 있는 방법밖에 없죠. 태양이 길어지는 건기가 오면 호

수 속의 물은 점차 줄어듭니다. 들판이 마르기 시작하면 아프리카의 포식자들은 더욱 예민해지기 마련입니다. 호수 속에 자신의 공간이 줄어들기 때문이죠. 이때 하마들은 두 가지 중 하나를 선택해야 합니다. 하나는 포근한 호수 속에 머물러 있는 방법이고, 나머지는 그곳을 떠나는 방법이죠. 하지만 대부분의 하마들은 전자를 선택합니다. 거대한 덩치와 짧은 다리로 물 밖을 나설 용기 있는 하마는 별로 없습니다. 이제 남은 건 비좁은 호수에서 세력 싸움을 하는 방법뿐입니다. 아프리카에서 사람을 가장 많이 해친 동물이 하마라는 걸 알고 있는 사람은 별로 없죠. 사자나 악어 같은 포식자도 하마에게 함부로 접근하지 않습니다.

드디어 두 마리의 하마가 싸우기 시작하네요. 거대한 초식 동물은 사람 팔뚝만 한 날카로운 송곳니를 상대에게 자랑스럽게 드러냅니다. 이 날카로운 송곳니의 유일한 용도는 싸우기 위함이죠. 이들의 전투는 한쪽이 죽음에 이를 때까지 멈추지 않습니다. 결국 한 마리는 주둥이를 물어뜯기고 호수에서 쫓겨납니다. 패자의 뒷모습이 초라해 보이네요. 싸움에 진 녀석은 얕은 호숫가로 가서 등짝이 빨갛게 말라가는 고통을 감수해야 합니다.'

승리한 하마는 우리 본부장 같다. 패배한 하마는 김 전무님 같다. 하마와 나를 비교한다. 하마는 서식처를 옮기기보다 싸우는 쪽을 선택한다. 마지막에는 결국 가장 많은 동료를 무찌른 하마가 승리하게 된다. 이러한 폭력이 일어나는 이유는 단 한 가지이다. 움직이기 싫어하는 동물의 본능 때문이다. 힘이 세다는 건 움직이지 않아도 된다는 뜻일 수도 있다. 하지만 영원한 승자는 없다. 어쩌면 그게 승자의 가장 큰 독이 된다.

나는 승리한 하마처럼 힘이 세지 않다. 하지만 덕분에 움직일 수 있다. 어쩌면 힘이 세지 않다는 건 행운일지도 모른다. 움직이지 않는다는 선택지를 고민할 필요가 없기 때문이다. 나는 움직일 수밖에 없다. 그리고 변화해야만 한다.

오후 5시 50분에 모든 업무를 마친다. 여느 때와 다르게 친구를 만나거나 집으로 향하지 않고 부동산 중개소로 발걸음을 옮겼다. 나는 조금씩 변화하고 있다.

"안녕하세요? 매물 좀 보러 왔습니다."

"이쪽으로 와서 앉아요. 어떤 매물? 신혼집 구하고 있구나. 급매로 나온 괜찮은 아파트가 있는데 마침 잘 오셨네."

"아니요. 인터넷에서 매물 몇 개 봤는데 볼 수 있을까 해서요. 투자 좀 하려고요."

"역시 요즘 젊은 사람들은 깨어 있단 말이야. 한번 보여 줘 봐요."

매물 주소를 중개사에게 보여 준다. 그녀는 눈빛이 달라진다. 50대 초반처럼 보이는 중개사는 짧은 커트 머리를 하고 있고 화장이 짙다. 반말과 존댓말을 자연스럽게 섞어 쓴다. 하얀 블라우스에 붉은색 재킷은 전문가의 느낌을 준다.

"이런 싸구려 오래된 빌라를 뭐하러 사려고? 괜히 수리비만 많이 나오고 골치 아픈 부동산이에요. 아직 젊어서 잘 모르는 것 같은데 이런 부동산은 가격이 오르지도 않고 되팔기도 어려워요."

"그런가요? 그래도 저렴하다면 괜찮을 것 같아서요. 그리고 저는 시세 차익을 생각하는 게 아니라 월세 투자를 생각하고 있어요."

자존심이 상하지만 침착하게 대응한다.

"시세 차익이든, 월세든 다 같아요. 이런 매물을 살 땐 조심해야 해요. 솔직히 나도 중개해 주는 입장이지만 이런 빌라는 추천해 주고 싶지가 않아. 잘 팔리지도 않고 말이야. 살 때도 중요하지만 나중에 팔 때도 골칫거리가 될 거예요. 손님도 생각을 해 봐요. 이런 빌라가 왜 매물이 많겠어? 잘 팔리지 않아서 그런 거 아니겠어? 이런 거 투자 해서는 돈을 못 벌어요. 손님이 아들 같아서 하는 말이야. 이런 낡은 빌라에 누가 들어와서 살고 싶어 하겠어? 손님은 이런 집에서 살라고 하면 살겠어? 부동산은 싸다고 샀다가 손해 보기 십상이야. 부동산 투자는 아파트를 사야지."

"아파트를 사기엔 돈이 부족할 것 같아서요."

"요즘 누가 자기 돈 가지고 투자를 해? 대출받으면 되지."

"그래도 몇억 원씩 하는 대출을 받는 건 조금 부담스럽네요. 아까 말씀드린 오래된 빌라를 볼 수 있을까요?"

나는 소신껏 밀어붙인다.

"그럼요. 보실 수는 있죠. 보나 마나 마음에 들지 않을 거예요."

그녀는 잠깐 뜸을 들인다. 그리고 다시 나에게 말을 건넨다.

"아무리 내 매물이지만 손님에게 이런 물건을 소개해 줄 순 없지. 나한테 찾아온 걸 행운이라고 생각해야 할 거예요. 내가 투자금에 딱 맞는 부동산을 소개해 줄 테니까 기다려 봐요."

그녀는 어디론가 전화를 한다. 매물을 확인하는 것 같다. 조금 더 기다려 본다.

"손님, 지금 빨리 서둘러야 할 것 같아. 내가 몇 분만 기다려 달라고 했네요."

"네? 뭘요?"

"근처에 빌라를 직접 지어서 분양하는 사장님을 알고 있는데 급매물이 아직 남아 있는지 확인해 봤어. 그런데 마침 딱 한 개 남아 있다네. 이건 가 볼 것도 없어. 나만 믿고 계약해."

그녀는 신축 빌라 전단지를 보여 준다. 시스템 에어컨, 인덕션, 빌트인 건조기, 드럼 세탁기, 식기세척기, 냉장고, 붙박이장, 인조 대리석 싱크대, 엘리베이터까지 있다. 빌라라고는 하지만 웬만한 아파트 못지않다. 화려한 겉모습을 보니 마음이 흔들린다.

"원래 분양가가 3억 5천만 원인데, 급매로 3억 원에 해 줄게. 이런 조건은 흔치 않아. 거저 주는 거야. 신혼부부들이 거주하기도 좋고 이쪽에 수요도 많아. 그리고 무엇보다 이 근처에 지하철 연장이 확정되면 앉아서 몇천만 원은 벌 수 있어. 투자는 이런 부동산을 사야 하는 거야. 나를 믿으라니까."

무려 5천만 원을 싸게 살 수 있는 기회이다. 저렴하다는 생각도 들지만 3억 원은 큰돈이다. 매달 250만 원을 저축하더라도 꼬박 10년이 걸린다. 대출을 받더라도 지금 가진 돈으로 투자하는 건 부담된다. 나에게 맞는 부동산은 아니다. 그런데 욕심이 난다. 저런 집이라면 내가 거주해도 될 것 같다. 누가 봐도 세입자의 수요도 많을 것 같다. 잘하면 시세 차익을 거둘 수 있을지도 모른다.

"손님 생각해서 말하는 거야. 가계약이라도 해 놓고 붙잡아 놔."

고민이 된다. 매물만 직접 보려고 했던 가벼운 마음이었는데 이준이였다면 어떤 선택을 할까?

"그럼 직접 보고 결정해도 될까요? 낡은 빌라와 신축 빌라 같이 보여 주세요."

"좋은 생각이에요. 고민스러울 땐 직접 눈으로 보는 게 좋죠."

그녀의 말에 자신감이 묻어난다. 3억 원짜리 매물과 8천만 원짜리 매물을 직접 눈으로 본다. 화려한 신축 빌라는 생각보다 마음에 든다. 지금 당장이라도 세입자를 구하고 시세 차익도 남길 수 있을 것 같다. 반대로 낡은 빌라는 생각보다 좋지 않다. 허름한 모습에 거부감이 더해진다. 누가 여기 들어와서 살까 싶고 나 역시 여기서 살고 싶지 않다는 생각이 든다. 혼란스럽다.

"조금만 더 생각해 볼게요."

"생각해 볼 시간이 어딨어? 신축 매물은 하나밖에 남지 않았다니까. 이런 매물은 금방 없어질 텐데."

"아내와 상의 좀 해 봐야 해서요."

"그럼, 내일 오전까지 생각해 봐요. 내가 다시 연락 줄게요."

"알겠습니다."

전화번호를 남기고 부동산 중개소를 벗어난다. 집으로 돌아갈까 하다가 근처 부동산 몇 군데를 더 들른다. 분명히 다른 부동산 중개사무소에 들어갔는데 하나같이 아파트와 신축 빌라 이야기만 한다.

부동산이 마치 종교 집단처럼 보인다. 아파트라는 신을 믿는다. 시세 차익을 숭배하고 신축을 찬양한다. 전문가의 탈을 쓰고 자신의 말은 옳고 다른 사람의 말은 틀렸다고 말한다. 사거리 횡단보도에서 신호를 기다린다. 사거리 네 모퉁이에는 거대한 상가가 들어서 있다. 약속을 한 것처럼 상가마다 1층에는 부동산 중개소가 한두 개씩 있다. 관심 없을 땐 알지 못했다. 상가 1층은 월세가 가장 비싸다. 그리고 부동산 중개소는 너무 많다. 그들이 그토록 치열한 이유를 알 것 같다. 3억 원짜리를 거래하든 8천만 원짜리를 거래하든 노동의 강도는 같다. 하지만 수수료는 2배 이상 차이가 난다. 내가 부동산 중개사였어도 3억 원짜리를 추천할 것 같다. 아니다. 이왕이면 더 비싼 아파트를 추천할 것 같다. 같은 노동으로 몇 배 이상의 수수료를 챙길 수 있으니까. 나는 저렴한 매물이라는 미끼를 물었다. 그리고 빈틈을 보이는 순간 그들의 먹잇감이 된다.

황소와
젖소

"○○ 부동산이에요. 신축 빌라 계약할지 결정하셨어요?"

"아, 중개사님, 아직이요."

"이 매물 계약하고 싶다는 사람이 있어서 그래요. 빨리 결정해 주세요."

"오후까지만 기다려 주세요. 제가 꼭 연락드릴게요."

"알겠어요. 더 늦으면 이 매물 다른 사람에게 넘어가요."

하룻밤도 지나지 않았는데, 부동산에서 전화와 문자 메시지가 수십 통씩 온다. 화려한 겉모습의 신축 빌라가 욕심이 난다. 저렴하게 매수할 수 있는 기회다. 몇 년만 세를 주다가 팔면 수익을 꽤 볼 수 있다. 다시 한번 자본 이득이라는 유혹에 빠진다.

사람들은 대부분 시세 차익, 즉 자본 이득에 관심이 많다. 나 역시 주식에 투자할 때 자본 이득 관점으로 접근했다. 1만 원에 산 1천주의 주가가 며칠 지나지 않아 10%나 올랐다. 그때 주식을 팔고 수익을 거뒀어야 했다. 하지만 조금 더 오를 거라는 기대감과 욕심에 팔기가 어려웠다. 조금만 더 오르면 처분해야겠다고 생각하는 순간 시세는 파도타기를 했다. 요동치는 시세 변동을 버티지 못하고 모두 처분했다. 그리고 나는 주식 시장을 떠났다. 사실 1~2년 정도 가만히 기다리기만 했어도 상당한 수익을 거뒀을 것이다. 모든 투자는 기다리기만 하면 된다. 누군가가 말하길 '투자하고 수면제를 먹어라'라고 하지만, 시세 차익 투자는 기다리기 쉽지 않다.

다시 한번 정확히 바라보기로 한다. 나는 주식 시장을 떠난 게 아니다. 시세 차익 시장을 떠난 것이다. 주식으로 시세 차익을 노린 투자가 나와 잘 맞지 않았을 뿐이다. 만약 배당주 같은 현금 흐름 방향으로 주식 투자를 했다면 결과는 달라졌을 것 같다. '주식'이라는 같은 대상을 놓고 현금 흐름을 생각할 때와 자본 이득을 생각할 때는 완전히 다른 투자가 된다. 부동산 투자 역시 마찬가지이다. '부동산'이라고 똑같이 불러도 아파트와 오래된 빌라는 완전히 다른 대상이다. 시세 차익을 생각한다면 아파트가 잘 맞을지 모르겠다. 하지만 현금 흐름을 생각한다면 오래된 빌라가 더 낫다. 대부분 사람들은 시세 차익에 관심이 많다. 그래서 부동산 투자라고 하면 아파트를 떠올린다. 사람들은 왜 현금 흐름보다 시세 차익에 관심이 많을까?

"오늘은 왜 이렇게 일찍 보자고 했어?"

"부동산 중개소에서 아침부터 계속 전화가 와서."

"부동산?"

이준이에게 어제 부동산에 다녀온 이야기를 한다.

"부동산에서 빨리 결정해 달라고 해서. 머리는 사지 말라고 하는데, 가슴은 빨리 사라고 말해서. 네 생각은 어떤지 듣고 싶어. 부동산 중개소에서는 모두 다 신축 빌라와 아파트를 사야 시세 차익을 거둘 수 있는 거라고 말하더라고. '오래된 빌라'라는 말만 꺼내도 이상한 사람 취급을 하던데."

"마음이 조금 불편했겠는데? 나도 그런 경험 많이 있어. 사실 그런 이야기를 들으면 나는 기분이 좋아지더라고."

"너도 성격이 참 특이하다."

"잘 생각해 봐 영훈아. 그 말은 많은 사람들이 관심 갖지 않는다는 말이잖아. 소신껏 선택해. 부자는 다수가 아니고 소수야. 소수가 선택하는 길로 가면 성공 확률은 더 높아질 거야. 다수가 하는 말이 언제나 옳은 건 아니거든."

"맞는 말 같아. 아파트, 신축 빌라 같은 시세 차익을 생각하는 사람들이 다수이고, 낡은 빌라로 월세 현금 흐름을 만들려는 사람은 소수니까. 그런데 우리처럼 생각하는 사람이 많지 않으니까 자신이 없어지기도 해."

"네가 왜 투자를 시작했는지 생각해 봐. 일확천금의 돈을 벌기 위해서는 아니겠지. 순서를 정한다면 삶에서 우선해야 할 건 현금 흐름이야. 너 역시 이번에 제대로 경험했잖아. 삶이 위태롭다고 생각한 건 회사의 월급이 안정적이지 않다고 느껴서 그런 거야. 현금 흐름을 안정적으로 만든 다음에 시세 차익을 생각해도 좋아. 이건 개인에게만

적용되는 건 아니야."

"그건 또 무슨 이야기야?"

"기업도 현금 흐름을 안정적으로 확보한 다음에 리스크가 있는 프로젝트 사업에 뛰어들거든. 우리나라 백화점, 호텔 시장을 장악하고 있는 A그룹 같은 경우도 서민을 상대로 하는 마트 사업에서 현금 흐름을 확보한 다음에 신규 사업에 뛰어들고 있어. 원전이나 대형 고층 건물에 들어가는 펌프를 만드는 B그룹 같은 경우도 그렇지. 1백만 원 이하의 저가형 펌프를 팔아 안정적인 현금 흐름을 확보한 다음에 하나에 1천억 원 이상 하는 펌프 사업도 따내는 거야."

"기업을 유지하려면 직원들 월급을 줘야 하는데 현금 흐름이 안정적이지 않으면 회사를 유지하기 어려울 수 있겠다. 직원들한테 6개월 후에 프로젝트를 수주하면 월급을 줄 테니 조금만 기다려 달라고 말할 수는 없을 것 같아. 사장이 그런 말을 몇 번 반복하면 직원들은 모두 회사를 떠나겠지. 우리 회사처럼 말이야."

"그렇지. 네가 농사를 짓는다고 생각해 봐. 연간 강수량이 1,200mm가 필요한 작물을 키우는 데 한 달에 1,200mm가 내리고 나머지 11개월은 비가 내리지 않으면 넌 농사를 지을 수 없을 거야. 대신 한 달에 100mm가 꾸준히 내린다면 농사를 짓기가 수월하겠지. 이게 현금 흐름의 힘이야."

"이해된다. 그런데 왜 사람들은 시세 차익을 좋아할까?"

"사람의 입맛 같은 거 아닐까? 영훈아, 너는 우유가 좋니? 소고기가 좋니?"

"갑자기 무슨 뚱딴지같은 말이야? 당연히 소고기가 훨씬 비싼데 그게 좋지."

"그거랑 비슷한 것 같아. 조금 더 추가해 볼게. 매일 먹는 우유를 선택할래? 일 년에 한 번 먹는 소고기를 선택할래?"

"어, 그러면 조금 생각이 달라지는데."

"이 논리 구조와 비슷하다는 생각이 들더라고. 내 이야기 한번 들어 봐."

어느 시골 마을에 샘(Same)과 디프(Diff)라는 가난한 두 젊은이가 살고 있다. 하고 싶은 일이 많았지만 어려운 생활 때문에 고등학교를 졸업하고 집 근처 작은 회사에 취업을 한다. 회사 일은 하고 싶은 일과 거리가 멀지만 생계 때문에 선택의 여지가 없다. 둘은 회사를 다니며 열심히 돈을 모았고, 몇 개월에 걸쳐 3백만 원을 모은다.

"디프, 우리가 이렇게 돈을 모아서는 평생 회사만 다녀야 할 것 같아. 이 돈으로 사업을 시작해 보자."

"그래. 샘. 안 그래도 이 돈을 어떻게 사용할까 고민했거든. 어떤 사업이 괜찮을까?"

"마을 이장님 댁에 지금은 사용하지 않는 축사가 있는데 거기서 소를 한 번 키워 보는 건 어떨까? 지난번에 어르신께 여쭤 보니 사용해도 좋다고 하셨어. 이 돈이면 송아지 한 마리 정도는 살 수 있을 거야."

"좋은 생각이야."

고민 끝에 샘은 어린 황소를 한 마리 구매하고, 디프는 어린 젖소를 한 마리 샀다. 샘은 황소를 크게 살찌운 다음 1년 뒤 비싼 가격에 팔 생각을 하고, 디프는 1년 뒤 송아지가 우유를 생산하면 시장에 우유를 내다 팔 생각을 한다.

"디프, 고작 우유를 팔아서 얼마가 남겠어? 그런 걸 팔아서는 큰돈을 벌 수 없어. 목축으로 돈을 벌려면 1등급 황소를 길러 내서 비싼 가격에 팔아야지."

"네 말도 맞아. 그런데 생각해 봐. 샘. 우리가 어렸을 때 끼니 걱정을 많이 했잖아. 그래서 난 매일 먹을 수 있는 우유가 좋더라고."

회사를 다니면서 둘은 열심히 소를 관리한다. 출근하기 전에 여물통을 채워 놓고, 점심 시간에는 삼각 김밥으로 끼니를 대충 때우고 소를 확인한다. 퇴근하고 축사를 청소한다. 축사 관리비와 여물비, 영양제 비용은 생활비를 아껴 월급으로 충당한다. 두 가지 일을 병행하니 몸은 피곤하지만 하루가 다르게 자라는 소들을 보면 힘이 난다.

그렇게 1년이 지나고, 샘은 자신이 원하는 대로 1등급 황소를 키워 낸다. 그리고 중개상에게 1천만 원의 차익을 남겨 판다. 디프 역시 원하는 대로 젖소가 우유를 생산하기 시작한다. 마을 사람들에게 직거래로 우유를 공급해 월 70만 원의 수입이 생긴다.

몰랐던 것은 황소를 파는 건 과세가 된다는 사실이었다. 양도 소득의 일부는 정부가 세금으로 가져간다. 그리고 중개상에게 적지 않은 보수를 지급해야 한다. 반면에 디프의 젖소가 생산한 우유는 국민 건강을 위해 공급하는 건강 식품으로 분류되어 면세된다. 그리고 마을 사람들과 직거래로 중간 마진을 줄일 수 있다.

샘은 회사를 다니며 소를 더 키워야겠다고 결심하고 1천만 원으로 어린 황소 두 마리를 다시 구매한다. 디프는 우유를 파는 것만으로 생활이 가능해져서 회사를 그만둔다. 아침, 점심, 저녁에 한 시간씩 소를 관리하고 나머지 시간엔 하고 싶은 일을 시작한다. 두 젊은이 모두 원하던 것이 실현되었다. 그런데 샘의 삶은 모습이 별로 달라지지 않았고, 디프의 삶은 완전히 달라졌다.

"황소는 자본 이득을 말하고, 젖소는 현금 흐름을 말하는구나."
"그렇지. 황소를 키우든 젖소를 키우든 우리가 생각하는 대로 돈은 벌 수 있어. 하지만 자본 이득을 선택한 사람들은 끊임없이 일해야 해. 시세 차익으로 번 돈을 가지고 자신의 주업을 바꾸기는 어렵거든. 그 돈을 가지고 다른 상품을 또 사야 하지. 반대로 현금 흐름을 선택한 사람들은 삶을 변화시킬 수 있어. 돈을 많이 벌고 적게 벌고의 개념은 아니야. 네가 하는 투자로 삶을 변화시키고 싶은지 혹은 그렇지 않은지만 생각하면 돼."
주변을 둘러보면 주식이든, 부동산이든, 시세 차익으로 돈을 번 사람은 꽤 있다. 그들의 공통점은 자신이 하는 일은 별로 달라지지 않았다는 것이다. 투자하는 이유를 다시 한번 생각해 본다. 부자가 되고 싶어서 투자한다. 그런데 10억 원, 1백억 원을 현금으로 가지고 있는 부자를 생각하는 건 아니다. 경제적인 부담 없이 자유롭게 하고 싶은 일을 하는 사람, 이게 내가 생각하는 부자이다. 구속받는 회사원으로 살기 위해서 태어난 게 아니라 내가 하고 싶은 일을 하면서 살기 위해 태어났다. 월급을 대체할 수 있는 현금 흐름, 월 3백만 원을 만들면 하고 싶은 일을 하면서 살아갈 수 있다. 그렇게 생각하니 부자는 생각보다 가까운 곳에 있다는 생각이 든다. 자유로운 삶의 방향으로 가려면 현금 흐름, 월세 투자를 선택해야 한다.

사람들이 시세 차익에 관심이 많은 건 우유보다 소고기를 선호하는 이유와 같다. 우유는 매일 먹을 수 있지만 소고기는 매일 먹기 쉽지 않다. 대부분 사람들은 '소고기'에 초점을 맞춘다. 나는 '매일'에 집중했다. 매일 먹는 우유는 쉽게 얻을 수 있다고 생각한다. 그래서 소중함을 잊기 쉽다. 상대적으로 소고기는 쉽게 먹는 음식은 아니다. 그래서 사람들이 관심을 더 많이 갖는다. 소고기를 좋아하는 게 좋은 입맛이고 우유를 좋아하는 게 잘못된 입맛은 아니다. 입맛 차이일 뿐이다. 사람들이 가끔 먹는 소고기를 좋아해도 나는 매일 먹는 우유가 좋다. 매일 먹는 우유가 경제적인 건강을 단련시켜 삶을 바꿔 줄 수 있다는 확신이 든다.

또다시 부동산에 전화가 온다.

"결정했어요? 더 이상은 기다려 줄 수 없어요."

"중개사님, 신축 빌라 말고, 급매로 나온 8천만 원짜리 낡은 빌라를 구매할게요."

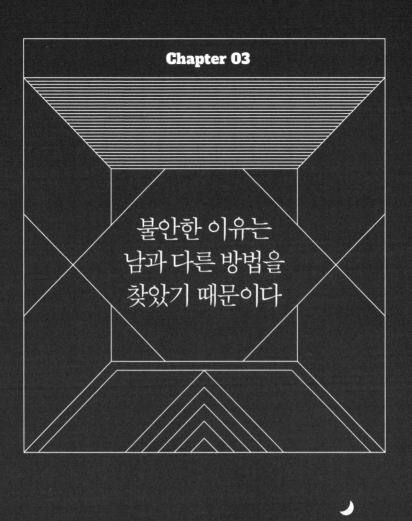

Chapter 03

불안한 이유는
남과 다른 방법을
찾았기 때문이다

시간
부자

"식사하러 가자. 김치찌개랑 계란말이 어때?"

"차장님, 오늘 속이 안 좋아서 저는 빠질게요."

"무슨 일 있어? 요즘 점심을 매번 거르네."

"아니에요. 살도 빼고 좋죠."

"월급이 줄었다고 먹는 것도 줄일 필요는 없어. 무엇보다 건강이 우선이야."

"그럼요. 신경 써 주셔서 감사합니다."

며칠 전 거래했던 낡은 빌라 수익률을 정리해 보기 위해 회사 앞 카페로 간다. 회사 안에서의 작은 일탈이다. 아직까지 아내에게는 말하지 못했다. 주식 투자를 할 때보다 적은 돈으로 시작했으니 위험 요소는 크지 않다고 생각한다. 첫 빌라의 월세는 아내에게 주기로 했다. 월세를 받으면 아내의 생각도 분명히 달라질 것이다.

수도권에 나온 오래된 빌라, 아무도 관심 갖지 않던 1억 5천만 원짜리의 매물은 1년이란 시간이 지나면서 8천만 원으로 절반 가격이 된다. 8천만 원에 거래하러 부동산에 가면서 이준이가 했던 이야기를 생각한다.

"시장에는 급한 매물이 많아. 특히 오래된 빌라는 더욱 그렇지."

나는 오늘 계약하지 않아도 된다. 그래서 급할 이유가 없다. 어차피 시장에 낡은 빌라 매물은 많다.

"중개사님, 5백만 원만 더 깎아 주시면 바로 계약할게요."

중개사는 난색을 표한다. 나는 한 번 더 부탁한다. 그러자 중개사는 매도자들에게 전화를 돌린다. 운이 좋게도 거래 조건에 응하는 매도자가 있다. 나는 마음에 드는 집을 고르지 않고 5백만 원을 깎아주는 빌라를 고른다. 중개소 말에 따르면 1년 동안 매물을 내놨는데 문의가 온 사람은 거의 없었다고 한다. 매도자는 매물이 팔리지 않아 초조해하고 있었다. 팔아야 하는데 팔리지 않으면 깎아 주는 방법밖에 없다. 그래도 팔리지 않으면 더 깎아 줘야 한다.

우리는 계약서에 도장을 찍었다. 오래된 골칫거리를 해결한 듯 매도자는 기분이 좋아 보였다. 중개 보수를 챙긴 중개사도 기분이 좋다. 저렴하게 부동산을 구입하여 나 역시 기분이 좋다.

거래할 땐 시간이 많은 사람이 유리하다. 무언가를 싸게 사고 싶다면 기다려야 한다. 무언가를 비싸게 팔고 싶다면 기다려야 한다. 시간이 없는 사람은 비싸게 사거나 싸게 팔게 된다. 시간이 많은 사람은 싸게 사거나 비싸게 팔게 된다. 세상의 모든 거래는 시간이 없는 사람에게서 시간이 있는 사람에게로 흘러간다.

결국 7천 5백만 원에 낡은 빌라를 구입했다. 매물에 설정된 대출은 6천만 원이 있었고, 부채는 내가 승계하기로 한다. 비용은 수리비와 등기 비용, 중개 보수를 합쳐 5백만 원, 기존 세입자에게 화장실과 싱크대를 수리해 주는 조건으로 보증금 1천만 원에 월세는 40만 원으로 한다. 첫 투자에 대한 현금 흐름표와 수익률을 계산해 본다.

우선 자산을 계산한다. 1억 5천만 원 가치의 부동산을 구입하는데 7천 5백만 원의 돈이 든다. 거기에 각종 비용 5백만 원을 더한다. 여기서 전 소유자의 대출 6천만 원을 내가 인수하기 때문에 감하고 세입자의 보증금 1천만 원까지 제한다. 결국 1억 5천만 원 가치의 오래된 빌라를 구입하는 데 사용한 돈은 1천만 원이다.

자산(1억 5천만 원)	부채
매매　　　 7500만 원 비용　　　　500만 원 대출　　　-6000만 원 보증금　　-1000만 원 내가 투자한 돈　1000만 원	
수입	지출

이제 내 오래된 빌라는 매월 40만 원의 수입을 불러오는 자산이자 생산 수단이 된다.

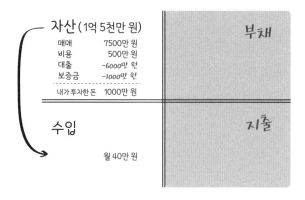

자산을 구입하면서 승계 받은 6천만 원의 대출은 부채가 된다. 이 부채는 금리가 연 3.4%로 204만 원의 이자가 발생한다. 그리고 이를 12개월로 나누면 매월 17만 원의 이자 비용이 발생한다.

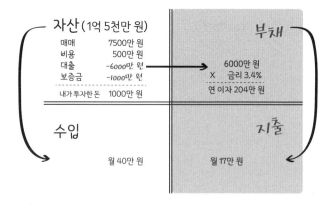

1억 5천만 원 가치의 낡은 빌라는 월 40만 원의 수입을 가져온다. 그리고 6천만 원의 부채는 월 17만 원의 지출을 불러온다. 따라서 수익금은 월세 40만 원에서 이자 17만 원을 제한 23만 원이 된다.

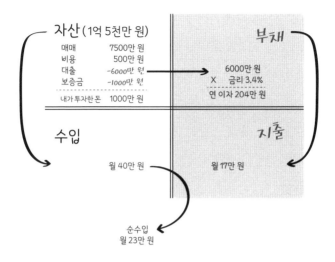

수익률을 계산해 본다. 수익률은 내가 투자한 돈 대비 얼마를 버는지를 나타내는 것이다. 내가 사용한 돈 1천만 원 대비 월 23만 원의 수익을 계산해 보면,

$$\frac{276만\ 원(월\ 23만\ 원 \times 12개월)}{1000만\ 원(내가\ 사용한\ 돈)} \times 100\% = 27.6\%$$

수익률은 무려 27%가 넘는다. 획기적이다. 오마하의 현인이라고 불리는 워렌 버핏이 말했다. 연 20% 이상의 수익을 올린다면 누구나 부자가 될 수 있다. 20%는 마법의 숫자이다. 만약 1천만 원을 가지고

연 수익률 20%, 매년 2백만 원의 수익금이 발생한다고 할 때 5년이면 내가 투자한 1천만 원은 회수할 수 있다. 내가 투자한 오래된 빌라연 수익률은 27.6%이다. 3년 7개월이면 내가 투자한 1천만 원은 회수할 수 있다. 그 이후부터는 내 돈이 아닌 은행 돈으로 수익이 발생한다. 매월 23만 원의 수입이 늘어난다고 생각하니 벌써부터 마음이설렌다. 이런 방법으로 10번만 반복하면 월 230만 원의 자유 소득을만들 수 있다. 잡으려 해도 잡히지 않던 희망이 조금씩 눈앞에 나타나는 것 같다. 깜깜했던 터널 속에서 출구로 향하는 작은 불빛을 발견한느낌이 든다.

직접 경험해 보니 이준이가 말한 투자의 의미를 알 것 같다. 27%라는 수익률을 눈으로 확인하니 오래 가지고 있을 수 있다는 확신이든다. 그 수익률이라면 그 모습이 낡았든, 허름하든, 초라하든 그렇게중요하지 않다. 오히려 그 모습을 유지하고 있는 게 다행이라는 생각까지 든다. 그래야 사람들이 관심을 갖지 않는다. 관심이 덜하니 경쟁이 치열하지 않다. 경쟁이 없으니 나는 저렴한 가격에 살 수 있다.

"김영훈 대리. 속이 안 좋다더니 여기 있었구나. 무슨 생각을 그렇게 하는 거야?"

익숙한 목소리가 들린다.

"아, 정 차장님, 아니에요. 그냥 생각 정리 좀 하고 있었어요."

"식사하고 오래간만에 차나 한잔하러 왔지. 뭘 그렇게 당황하는거야? 무슨 꿍꿍이가 있는 거야?"

정리하던 노트를 뒤로 감춘다. 앞으로는 회사에서 조금 더 멀리 떨어진 카페로 가야겠다.

"별거 아니에요."

"우리 사이에 이러기야? 좋은 거 있으면 말 좀 해 줘 봐."

회사에서 제일 가까운 사람이니 차장님한테는 말해도 되지 않을까? 투자에 대해 아는 것도 많으시니 조언을 들어도 좋을 것 같다. 솔직히 말하면 입이 근질근질하다. 이렇게 좋은 투자가 있다는 사실을 주변 모든 사람에게 알려 주고 싶다. 조심스럽게 말을 꺼내 본다.

"사실은 최근에 부동산 투자를 했어요."

"아 역시, 그럴 줄 알았어. 매일 일찍 출근해서 부동산 웹사이트만 계속 보고 있더니."

"알고 계셨군요."

"나도 회사 생활 10년이 넘었어. 이 눈칫밥으로 회사에서 지금까지 살아남은 거야. 그런데 어떤 부동산을 샀어?"

"빌라 한 채를 구매했어요."

"빌라? 아파트가 아니고? 빌라는 돈이 별로 되지 않을 텐데, 신축 빌라를 분양받은 거야?"

"그런 건 아니에요. 가지고 있던 돈이랑 대출받아서 낡은 빌라를 샀어요."

"이런 시국에 낡은 빌라를 샀다고? 그런 건 나중에 팔기 어려울 건데."

"맞아요. 그래서 오래 가지고 간다고 생각하고 샀어요. 그런데 수익률이 무려 27%가 넘어요. 제 돈 1천만 원 투자해서 월세는 40만 원을 받고, 이자를 빼고 나면 23만 원이나 남아요. 엄청나죠."

"음, 너무 상심하지 말고 들어. 영훈 대리, 솔직히 말할게. 매월 23만 원 받아서 언제 돈을 모으려고 그래? 그리고 잘 생각해 봐. 오래 가지고 있어도 언젠가는 팔아야 할 거 아니야? 그때 그런 집을 누가 사겠어? 아직 잔금을 치르지 않았다면 손해 보더라도 계약을 취소하는 게 좋겠어. 부동산 투자를 하려면 나한테 먼저 상담을 했어야지."

정 차장님은 회사에서 나름 부동산 투자의 고수다. 서울에서 작은 단칸방 월세로 시작해서 지금은 서울 아파트 한 채와 지방 아파트 한 채를 소유하고 있다. 그의 말을 들으니 정말로 계약을 취소해야 하는지 불안감이 밀려온다.

방금 전까지는 오래된 빌라에 대해 확신이 들었다. 그 확신은 순식간에 두려움으로 바뀐다. 빌라의 낡은 모습 덕분에 27%라는 수익률을 얻을 수 있었다. 반대로 빌라의 낡은 모습 때문에 팔기가 쉽지 않다. 나 역시 이 빌라를 처분해야 할 날이 오긴 할 것이다. 그런데 그 출구에 대해서는 생각해 보지 않았다. 눈앞에 40만 원이라는 월세에만 너무 치우쳤던 것 같다. 부동산 중개사님이 말렸을 때 신축 빌라를 샀어야 했나 하는 후회가 생긴다. 아내에게는 또 어떻게 말해야 하나 걱정이 된다.

출구
작전

밤 10시, 눈을 감아도 잠이 오지 않는다. 이제부터 시세 차익은 생각하지 않을 것이다. 그렇다고 해도 30년 넘은 낡은 건물은 언젠가 팔아야 한다. 5년, 아무리 길게 잡아도 10년 후면 이 빌라는 더 구닥다리가 된다. 그러면 지금보다 팔기는 더 어려워진다. 이 낡은 집에는 사람이 거주하지 않을 것 같다. 영원히 공실이 될 것 같은 두려움이 밀려온다. 나한테 집을 파는 매도자 역시 나와 같은 생각에 이 골칫덩이를 팔아넘긴 거라는 생각마저 들었다. 한 시간을 뒤척이다가 급하게 휴대 전화의 숫자를 누른다.

"여보세요? 이준아, 고민이 생겼어."

"이렇게 늦은 시간에 어쩐 일이야?"

"미안해. 고민 때문에 잠이 안 와서. 부동산 계약을 취소해야 하는 건가 싶은 생각이 들어. 내일이 잔금 내는 날이라 기다릴 수 없어서 전화했어."

"무슨 소리야? 마지막에 5백만 원이나 깎아서 제법 저렴한 가격에 샀고, 연 수익률도 무려 27%가 넘잖아."

"그건 맞아. 그런데 갑자기 두려운 생각이 들어서. 나중에 팔아야하는데 팔리지 않으면 어떻게 하지?"

그는 내 말을 듣고는 잠시 동안 말이 없다. 목 넘기는 소리가 수화기 너머로 들려온다.

"음. 그런 생각이 들 수도 있지. 왜 그 질문은 하지 않나 했거든. 통화가 길어질 수도 있겠는데, 차에 뜨거운 물 좀 더 채워 올게."

"알겠어."

그는 전혀 감정적 흔들림이 없는 목소리였다. 내 마음을 미리 알고 있는 기분이 든다. 수화기 너머로 다시 그가 이야기를 시작한다.

"그 걱정이 어쩌면 우리한테 가장 큰 고민이지. 반대로 한번 물어볼게. 너는 왜 부동산을 팔아야 한다고 생각한 거야?"

"월세를 받으면서 오래 기다린다는 네 말은 좋은 생각이라고 생각해. 덕분에 자신감이 많이 생겼어. 그런데 순간 두려움이 생기더라고. 내 빌라는 지어진 지 30년이 다 되어 가잖아. 90년대 초에 지어진 낡은 빌라를 죽을 때 짊어지고 갈 순 없을 것 같아서. 언젠가는 처분해야 하는 거 아닐까? 대부분은 팔 생각을 하잖아."

"만약에 팔지 않는다면?"

"너무 오래된 집은 결국 사람이 살지 못할 것 같아. 나중엔 빈집이 되는 거 아닌가 싶은 생각도 들어."

"이럴 땐 시간 여행을 한번 해 보면 도움이 될 거야."

"무슨 소리야?"

"네가 타임머신을 타고 90년대 초로 돌아간다고 생각해 봐. 그리고 그때 당시에 오래된 빌라를 산다고 생각해 보자. 지금처럼 30년이 된 빌라를 사는 거야."

"1990년대에서 30년 전이니까 1960년대에 지어진 집을 산다고 생각하면 되겠네."

"그렇지. 그 집을 지금까지 보유하고 있다고 생각해 봐. 어떻게 됐을까? 단순히 낡고 사람이 살지 않는 빈집으로 남아 있을까?"

"음, 그러고 보니 주변에 1960년대에 지은 집은 거의 본 적이 없어. 1960년대는커녕 1970년대, 1980년대에 지은 집들도 별로 보이지 않는 것 같은데."

"네 걱정대로라면 서울과 수도권은 낡은 빈집들이 넘쳐야 할 것 같은데, 그렇다면 그 많은 오래된 집들은 다 어디로 갔을까?"

"그러게, 생각해 보니 주택이 밀집한 골목길을 걷다 보면 낡은 건물을 허물고 새 건물로 짓는 모습을 많이 본 것 같아."

"맞아. 아파트도 재건축이 되지만 빌라도 재건축이 되고 있어. 일부 지역은 재개발 지역으로 지정되기도 하고."

"오래된 집은 결국 새로운 건물로 바뀐다는 거구나."

"맞아. 지금 메신저로 거리 뷰 사진을 몇 장 보내 줄 테니 한번 비교해 봐."

이준이는 메신저로 두 장의 사진을 보냈다. 평범한 주택가의 모습이다. 언뜻 보면 다른 것 같지만 자세히 들여다보면 무언가 서로 닮아 있다.

첫 번째 사진은 약간 오래된 동네 같고 나머지 한 장은 최근의 모습이다. 삼거리 골목길에 양쪽으로 빌라가 서 있는 모습이 닮아 있다. 도로의 포장 상태를 본다. 첫 번째 사진은 일반 차가운 아스팔트로 포장이 되어 있고, 두 번째 사진은 칼라 아스콘으로 포장되어 있어 더 따뜻해 보인다. 첫 번째 사진 오른편에 빨간 빌라가 초라하게 서 있다. 내가 구매한 빌라보다 허름해 보인다. 낡은 빌라 건너편에는 광명주택이라는 빌라가 보인다. 두 번째 사진 오른편에는 깔끔한 신축 빌라의 모습이 보인다. 신축 빌라의 건너편 역시 광명 주택이 보인다. 이름은 같지만 겉모습은 약간 차이가 있는 것 같다. 두 장의 사진 왼쪽 모퉁이 간판의 문구를 본다. '나나 미용실'이 보인다.

"왼쪽에 나나 미용실을 보니 같은 장소 같아. 그러고 보니 낡은 빨간 벽돌 빌라가 신축 빌라로 바뀐 것 같은데?"

"맞아. 서울에 빌라가 밀집한 지역의 10년 전 모습과 비교한 사진이야. 첫 번째 사진의 낡은 빌라가 두 번째 사진 속에 신축 빌라로 바뀐 거야. 어때? 네가 구매한 빨간 벽돌 빌라와 비슷하지 않아?"

"내가 계약한 빌라보다 더 낡은 것 같은데? 이렇게 눈으로 확인하니 내가 구매한 낡은 빌라도 괜찮은 것 같네?"

"과거의 모습과 비교하면 미래를 내다보기 더 쉬워져. 각종 포털 사이트에서 제공하는 과거의 거리 모습과 비교를 하면 10년 후, 더 나아가 30년 후의 모습을 그리는 데 도움이 될 거야. 한 장 더 보내 줄 테니 비교해 봐. 이번에는 다른 지역이야."

이번에도 평범한 주택가가 보인다. 내가 계약한 빌라와 같은 4층 이상의 건물은 아니다. 주차 공간과 마당이 있는 단층으로 된 단독 주택이다.

"마당이 있고 층이 낮은 집은 빌라가 아니고 단독 주택 아니야? 이런 주택은 건물이 차지하고 있는 대지 지분이 넓어서 겉보기는 낡았지만 가격은 비싸더라고."

"맞아. 잘 알고 있네."

"부동산을 돌아다니면서 많이 배웠지. 중개사 사장님들 중에 빌라는 추천하지 않아도 단독 주택을 권유하는 분들은 계셨거든. 그런데 그 부동산 역시 내가 가진 돈으로는 거래하기가 어려웠어. 대출을 받아서 사 볼까도 생각했는데, 빌라보다 단독은 대출에서 더 불리하더라고."

"현장에서 발로 뛰어다니더니 배운 게 많은 것 같은데? 저렇게 큰 덩치의 부동산은 나 역시 잘 맞지 않다고 생각했어. 내가 주목한 부동산은 단독 주택 뒤에 있는 빨간 벽돌 빌라야. 단독 주택과 같이 개발될 확률도 높다고 생각했고, 가격도 저렴해서 월세 수익률이 나쁘지 않았거든."

시선을 낡은 빌라 쪽으로 돌린다. 단독 주택에 가려서 잘 보이지 않는다. 단독 주택과 왼편 신축 빌라에 사이로 차 한 대가 겨우 들어갈 수 있는 진입로가 보인다. 대로변에 접해 있지도 않고 건물로 진입하는 것도 불편해 보인다. 이 빌라는 누가 봐도 사람들이 선호하지 않을 집이 분명하다.

"아, 네가 가지고 있는 집이 단독 주택이 아니고 뒤에 있는 빌라였구나."

"맞아. 예전에 가지고 있었지."

"예전이라고?"

"몇 년 전에 건설 회사에 매도를 했어. 그리고 지금은 그 회사가 재건축을 했지. 현재 모습을 보여 줄 테니 기다려 봐."

7층 건물이 웅장하게 서 있다. 대지 지분이 넓어 개발에는 단독 주택이 유리하다. 하지만 내가 가진 돈으로는 단독 주택을 구입하기 어렵다. 돈이 많다고 해도 수익률은 별로 좋지 않아 매력적이지 않다. 돈이 많지 않은 건 이준이 역시 나와 같다. 그래서 그는 이 생각을 역으로 이용한다. 개발에 대한 기대도 가질 수 있고 월세 현금 흐름까지 챙길 수 있는 빌라를 생각한다.

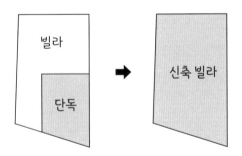

단독 주택은 땅의 면적이 좁아 혼자 개발하기 어렵다. 그래서 단독 주택 재건축에 빌라를 끌어들인다. 원래 빌라가 서 있던 위치는 매력이 없다. 특히 빌라 진입로로는 쓰지 못하는 땅이었다. 하지만 단독 주택과 빌라를 함께 재건축해서 땅의 가치를 극대화한다. 고기를 잡기 위해 그물을 쳐 놓는 건 맞다. 그런데 이왕이면 고기가 잘 걸릴 수 있는 위치에 그물을 쳐야 한다.

"희망이 생긴다. 이준아. 내 빌라도 저렇게 될 수 있겠지?"

"물론이지 영훈아."

"그런데 이 사진을 보니 내 행동이 경솔했나 싶은 생각도 들어. 개발 가능성이 높은 빌라를 샀어야 하나 하는 후회가 되네."

"아니야. 네 선택은 현명했어. 재개발 가능성이 있는 집을 샀다면 아마 절반을 깎아 주는 일은 없었을 거야."

"그렇겠지? 오히려 몇 배는 더 주고 사야 했을 거야. 부동산을 돌아다니다 보니 재건축과 재개발 이야기가 나오는 빌라를 권유하는 중개사들도 있었어. 나 역시 이왕이면 개발이 된다면 더 좋겠다는 생각이 들더라고. 하지만 매매 가격은 훨씬 더 비쌌고 임대료는 낮아서 투자를 해 봤자 현금 흐름 수익이 나오지 않고 오히려 이자 비용이 더 발생하더라고."

"그런 집은 오래 버티기 쉽지 않을 거야. 특히 희망이 사라져 버린다면 말이야."

"희망이 사라진다고? 그게 무슨 말이야? 중개사들 말로는 향후 1~2년 안에 개발이 될 거라고 하던데. 솔직히 말하면 그 이야기에 마음이 흔들렸거든."

"투자할 때 가장 중요한 건 최악의 상황을 버틸 수 있는 힘이야.

네가 생각하는 최악의 상황을 이겨낼 수 없다면 그 투자는 오래 지속하기 어려울 거야."

"내가 생각하는 최악의 상황이라고? 그런 거라면 개발이 되지 않는 것 아닐까? 네가 전문가의 말을 항상 의심해 보라고 했잖아."

"맞아. 그 상황과 비슷할 것 같아. 부동산 중개사의 이야기대로 개발이 될 가능성도 있겠지. 반대로 되지 않을 수도 있잖아. 그랬을 경우에 그 책임은 네가 져야 할 거야. 그렇다면 되지 않았을 때는 어떻게 해야 할지 생각해 봐야 하지 않을까?"

"개발이 되지 않을 경우?"

이준이가 비유했던 낚시가 떠오른다. 나 역시 태풍 속에서 비바람을 맞으며 낚싯대를 잡고 있을 용기는 나지 않는다.

"너무 극단적으로 생각할 필요는 없어. 하지만 내 돈은 누구도 지켜 주지 않아. 나 스스로 지키는 거야. 그래서 신중할 필요가 있지. 내가 이렇게 생각하게 된 계기도 있는데 한번 들어 볼래?"

"자꾸 궁금하게 만들지 말고 말해 봐."

"이야기 하나 보내 줄 테니 읽어 봐. 2차 세계대전 당시 나치가 많은 유태인들을 학살하기 위해 만든 강제 수용소의 생존자였던 빅터 프랭클이란 정신과 의사가 쓴 『죽음의 수용소』에 나온 내용이야."

그는 약간 들뜬 목소리이다. 뜬금없이 강제 수용소 이야기를 하는 이준이가 이해되지 않는다. 그래도 한번 들어 보기로 했다.

"수용소에서 비극적인 생활을 하면서도 빅터 프랭클은 수감자들을 상대로 정신 상담을 해 줬대. 그런데 한 수감자가 빅터 프랭클을 찾아와서 예지몽을 꿨다면서 이야기하는 거야. 참고로 이 수감자는 꽤 유명한 작곡가이자 작사가였어."

"무슨 예지몽이었는데?"

"수용소가 언제 해방이 될지 꿈속에서 알려 줬대. 그리고 그 날짜는 한 달 뒤인 1945년 3월 30일이었다고 해. 그런데 너도 알겠지만 그땐 전쟁이 끝나지 않았잖아. 꿈속에서 약속한 날이 임박했을 때 자유의 가능성은 더 희박해진 거지. 그러자 3월 29일에 그 수감자는 갑자기 아프기 시작하면서 열이 높게 올랐대. 그러다 3월 30일이 되자 그는 헛소리만 계속하다가 의식을 잃었고 3월 31일이 됐을 때 죽음을 맞이했다는 거야."

"음. 가슴 아픈 이야기다. 그런데 갑자기 아우슈비츠 수용소 이야기는 왜 들려주는 거야?"

"내가 구매한 부동산들은 이번에 네가 구매한 낡은 빌라처럼 대부분 원래 가격의 50%에 구매한 거야. 그런데 신기하게도 나에게 반값에 매도를 했던 사람들에게는 공통점이 있더라고."

"그게 뭔데."

"그 지역이 개발된다는 소문을 듣고 구매한 사람들이었다는 점이지. 대부분 향후 1~2년 뒤에 개발이 된다는 소문을 듣고 구매를 하거든. 그곳에 투자를 한 사람들 모두는 꿈에 부풀었을 거야. 1~2년만 지나면 부자가 될 거라고 생각하면서. 그런데 어떤 지역이든 개발이 된다는 이야기가 있으면 싸게 구매하기는 어려워. 아마 대부분 비싼 값에 구매했겠지. 그 소식은 절대로 나만 아는 정보는 아니거든. 당연히 무리해서 투자하는 사람도 있겠지. 그들은 1년, 2년은 기다릴 수 있을 거야. 전문가가 그 정도는 생각하고 투자하라고 했으니까."

"그렇겠지."

"그런데 갑자기 개발이 취소되거나 연기된다는 소식을 듣게 된다면? 정부의 정책이 변경되거나, 이해관계인들의 의견 대립으로 개발이 지체되는 거지. 이제 그들은 몇 개월을 기다려야 할지 몇 년을 기다려야 할지 알 수 없어. 그들 중 빠르게 움직이는 사람들은 시장에 내다 파는 거야. 손해를 보더라도 말이지. 어떤 사람들은 무리하게 버티다가 경매로 집을 처분하게 되는 경우도 있고. 그들에겐 더 이상 버텨야 할 희망이 없거든."

아우슈비츠 수용소의 수감자들이랑 비슷한 것 같다. 3월 31일이 지나도 전쟁이 끝나지 않으니 언제 이 죽음의 수용소에서 나갈 수 있을지에 대한 희망이 없어지는 것이다. 투자자들 역시 1~2년 후의 개발만 보고 투자를 한다. 그런데 개발이 취소되거나 미뤄지면 신축 아파트와 시세 차익이라는 희망이 사라진다.

"살아야 하는 희망이 사라지니 몸의 면역력까지 사라진 거지. 수용소의 수감자들은 1944년 크리스마스부터 1945년 새해까지 사망률이 급격히 증가했대. 원인은 전보다 가혹해진 노동 조건이나 식량 사정 악화, 기후 변화나 새로운 전염병 때문은 아니었어. 대부분의 수감자들은 크리스마스에는 집에 갈 수 있을 거라는 막연한 희망을 품었기 때문이라는 거야. 그 시간이 다가와도 전쟁이 끝날 것 같은 기미가 보이지 않았고 용기와 살아갈 희망을 잃은 거지. 그게 많은 사람들을 죽음으로 이끌었던 거야."

"몇 개월만 더 버텼으면 전쟁이 끝났을 텐데 말이야."

"맞아. 내가 앞에 보여 준 빌라 역시 마찬가지였어. 매도자는 조금만 더 기다렸으면 신축 빌라를 받을 수 있었겠지. 하지만 그는 버티지 못하고 나에게 집을 팔았어."

살아가는 데 희망이 중요하다. 투자를 하는 것 역시 희망이 중요하다. 희망을 잃지 않는 방법을 생각해 본다. 이왕이면 기간을 길게 잡는다. 멀리 잡으면 버틸 수 있는 힘이 더 생긴다.

특정한
위치의 힘

니체가 한 말이 떠오른다. '왜 살아야 하는지를 아는 사람은 그 어떤 상황도 견뎌 낼 수 있다.' 이 말을 낡은 빌라에 적용해 본다. 왜 투자를 해야 하는지 명확히 알고 있다면 어떤 상황이 와도 버텨 낼 수 있다. 현금 흐름 투자의 본질은 월세다. 내가 투자하는 이유는 명확하다. 낡은 빌라를 새로운 아파트로 바꾸기 위해서 투자하는 게 아니고, 프리미엄을 붙여 시세 차익을 남기기 위한 게 아니다. 그래도 한쪽 구석에 두려움이 남아 있다. 어떤 상황이 와도 버틸 수 있어야 한다.

"이제 고민이 좀 해결됐니?"

"맞아. 그런데 또 다른 두려움이 있어. 최근 뉴스에서 부동산 폭락에 대한 이야기가 많이 나오더라고. 전 세계에 금융 위기를 몰고 온 서브프라임도 있었고, 일본도 잃어버린 30년을 경험한 것처럼 부동산 가격이 폭락하면 어떻게 해야 하지?"

"음, 그 고민은 나도 많이 했어. 우선 폭락에 대해서 생각해 볼까? 워런 버핏은 '1달러를 50센트에 산다면 손해 보지 않는다'라고 말했어. 우리나라 식으로 말하면 '1천 원을 5백 원에 산다면 손해 보지 않는다'라는 말이야. 네가 계약한 빌라에 대입해 보면 1억 5천만 원짜리를 7천 5백만 원에 산다면 손해를 보지 않는다는 말도 되지."

"그렇네. 위안이 조금 되는걸."

"그리고 가격이 폭락한다는 건 가격이 많이 올랐다는 말이야. 그걸 일부 사람들은 거품이라는 단어로 표현하지. 조만간 버블이 무너질 거라는 말들로 시장에 공포감을 주기도 하고. 그러면 거품이 끼지 않았다면? 10년 동안 가격이 거의 변동이 없다면? 가격이 오르지 않았다는 건 반대로 말하면 떨어지지 않는다는 말이 되지 않을까?"

"그런 것 같아. 네 말을 들어 보니 부동산 가격의 폭락은 상관없다는 건 이해가 돼. 그런데 월세가 폭락하면 어떻게 하지?"

"뉴스와 신문을 많이 보니 잘 알 거라 생각해. 부동산 폭등, 폭락이라는 말은 들어본 적 있지?"

"물론이지. 그렇게 시장을 바라보는 뉴스와 칼럼은 많이 봤어. 어떤 전문가는 폭등을 점치고, 어떤 전문가는 폭락을 점치고."

"그럼, 전세 폭등과 폭락도 들어봤을 거라 생각해."

"맞아. 최근에도 전세 가격 폭등으로 전세 난민 속출 이런 기사는 많이 봤어."

"혹시, 월세 폭등과 폭락이라는 말은 들어봤니?"

"음. 생각해 보니 그런 말은 들어본 적 없는 것 같아."

"시장에 단어가 없다는 건 아직 벌어진 적 없는 상황이라는 말 아닐까? 월세 시장에 절대적으로 등락이 없다는 말은 아니야. 다만 부동산 가격이 오르더라도 월세는 별로 오르지 않아. 반대로 부동산 가격이 떨어지더라도 월세는 별로 떨어지지 않아. 상대적으로 굉장히 안정적인 시장이라는 생각은 들어."

"그런 것 같아. 월세 시장이 상대적으로 안정적이라면 큰 걱정은 하지 않아도 되겠다. 부동산 가격에 신경을 쓰는 건 내가 팔아야 한다는 생각을 가지고 있기 때문인 것 같기도 하고. 나도 다른 사람들의 생각을 그대로 받아들인 것 같아."

"부동산 가격이 떨어지고 오르는 건 너에게 그렇게 영향을 미치지 않을 거야. 왜냐하면 우리는 팔지 않기로 마음먹은 사람들이거든. 가격이 오르든 떨어지든 우리는 부동산을 가지고 계속 월세를 받을 거야. 다시 말하지만 너에게 현금을 주는 자산에 투자한 거야. 즉, 생산 수단을 구입한 걸 잊지 마. 시장의 가격 등락은 너와 관련 없어."

"용기가 생긴다."

"팔아야 한다는 생각, 이게 사람들을 가로막는 장벽이야. 그 장벽만 뛰어넘으면 이제 부자가 되는 건 시간 문제야. 대부분은 그 장벽에 가로막혀 있어. 그 안에 갇혀 사는 거야. 그래서 사람들은 생각하지. '아파트는 나중에 팔 수 있으니까' 또는 '신축 빌라는 아직 시간이 많이 남아 있으니 중간에 팔 수 있겠지'라는 생각을 하는 거고. 그렇게 생각하는 사람들이 많으니까 그 부동산은 경쟁이 많아 싸게 살 수 없겠지. 그 장벽을 뛰어넘는다면 오래되고 낡은 겉모양은 허울에 불과

할 거야. 오히려 그 건물이 지니고 있는 땅의 힘을 보게 될 거고."

"땅의 힘이라고?"

"영훈아, 너는 건물을 산 게 아니고 땅을 산 거야. 그저 허름한 모습의 콘크리트와 빨간 벽돌이 아니라 특정한 위치를 산 거야."

"그런 생각은 해 보지 못한 것 같은데."

빌라 매매 계약서를 다시 살펴본다. 건물 면적 $48.24\,m^2$, 대지권 면적 $302.7\,m^2$분의 $30.27\,m^2$, 나는 눈으로 보이는 건물만 구매한 게 아니라 건물이 차지하고 있는 땅도 함께 구매했다. 모든 건물은 대지 지분을 가지고 있다. 내가 구매한 빌라 전체 세대수는 10가구이다. 그림으로 표현해 보면 이렇게 된다.

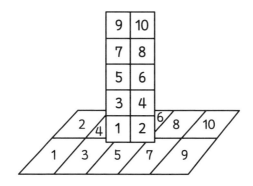

"대지 지분을 말하는구나. 계약할 때 중개사가 보여 준 등기사항 증명서에서 본 것 같아."

"네가 노동을 하지 않고 자유 소득, 즉 현금 흐름을 불러올 수 있는 이유는 땅이 가지고 있는 특징 때문이야. 땅은 영속적이고 본질적으로 공급이 제한적이야. 따라서 가치를 저장하기 좋은 수단이 되지. 특히 건물이나 자동차와 같은 것들은 대부분 시간이 지날수록 낡아 가치가 떨어지기 쉬운데 땅은 그렇지 않거든."

"그렇네. 특별한 개발 요소에 변화가 없다면 땅은 영원하다는 생각까지 드는데?"

"그래서 고전 경제학자들은 자본, 노동과 함께 땅을 생산의 3대 요소라고 생각했어. 지금도 땅이 없으면 공장에서 물건을 생산하기 어렵고, 집에서 쉴 수도 없고, 회사에서 일도 할 수 없잖아. 사실 땅은 흙과 돌을 의미하는 게 아니라 공간이고, 공간을 오랜 시간에 걸쳐 점유하는 거야."

생각해 보니 땅이 존재하지 않으면 모든 생활은 불가능하다는 생각이 든다. 항상 눈앞에 존재하고 있으니까 당연하다고 생각했고 공짜라고만 생각했다. 그런데 그 땅 역시 미리 선점한 사람들이 있다.

"그런 것 같아. 땅을 산다는 관점은 특별한 권리를 산다는 느낌까지 들어."

"맞아. 『땅과 집값의 경제학』이라는 책을 보면 자세히 알 수 있어. 땅은 이미 존재하는 거야. 공급은 이미 정해져 있고 생산 비용이 들지 않아. 그래서 생산의 3대 요소인 자본 혹은 노동과는 구분이 되지. 자본과 노동은 수요가 늘어나면 공급을 유연하게 늘릴 수 있어. 반대로 땅은 공급이 늘어나지 못하기 때문에 수요가 오르면 가격이 오르는 특징이 있지."

"땅을 가진 사람들이 굉장히 유리한 위치에 서게 되는구나."

"맞아. 정상적인 시장 경쟁의 법칙을 따르지 않는 재화를 가진 거나 다름없지. 이런 자원을 가진 사람은 추가적인 이득을 얻을 수 있는데 고전 경제학자들은 이를 '경제적 지대'라고 불렀어."

"땅이 이렇게 특별한 재화라면 땅을 직접 구매하는 게 좋은 방법은 아닐까?"

"맞아. 하지만 자산의 개념에 대해 잘 생각해 봐. 땅을 그대로 사는 것도 좋은 데 앞서 말한 것처럼 버틸 수 있는 힘이 떨어져. 땅은 가지고 있으면 수입을 불러오지 않잖아. 그래서 우리같이 소액을 가지고 투자하는 사람과는 맞지 않아. 생각해 보면 결국 땅을 구매한다는 것도 시세 차익을 목적으로 하는 투자와 같지 않을까?"

"네 말이 맞는 것 같아."

부동산 투자의 본질은 땅에서 나오는 힘이다. 나는 눈에 보이는 건물을 사는 게 아니라 땅을 구매하는 것이다. 현금 흐름이 발생하는 이유 역시 땅이 가지고 있는 제한된 자원이라는 특징 때문이다. 땅이라는 특별한 재화를 구매한다. 그렇게 생각하니 팔지 못할지도 모른다는 두려움과 시세 폭락에 대한 걱정은 사라진다. 땅의 특성이 영원히 낡지 않는 것이라면 영원히 팔지 못해도 상관 없다. 건물은 낡아도 땅은 결국 남아 있기 때문이다.

"이준아, 이왕이면 개발이 잘될 수 있는 곳에 투자하는 게 좋을 것 같은데, 어디에 사는 게 좋을까?"

인간의
합리성

도로를 만들고, 거리를 만들고, 서비스를 개선하고, 전깃불이 밤을 낮으로 바꾸고, 산에서 수백 마일 떨어진 저수지에서 물을 끌어오는 동안에도 땅 주인은 가만히 앉아 있습니다. 이렇게 발전된 것들은 모두 납세자들과 다른 사람들이 비용과 노동을 제공한 결과입니다. 토지 독점자는 이런 발전 과정에 전혀 손을 보태지 않지만 개선된 환경들은 모두 그가 소유한 땅의 가치를 끌어올려 줍니다.

_윈스턴 처칠 하원 연설

"한번 생각해 봐. 사실 어디를 사든 별로 중요하지 않아. 정부가 알아서 좋게 만들어 줄 테니까."

"그게 무슨 이야기야?"

"개발에 대해 생각해 보자. 개발의 첫 단계가 뭘까? 국가적으로 진행하는 산업단지, 농공단지, 신도시 등을 개발하거나 네가 생각하는 재건축, 재개발을 할 때 가장 먼저 고려하는 사항 말이야."

"주민들의 요구와 필요 때문에 하는 거 아닐까?"

"그렇게 볼 수도 있지. 그런데 나는 약간 다른 관점으로 바라봤어. 우선, 모든 개발 사업을 진행하기 전에 경제성 판단을 가장 먼저 실시해. 이 사업을 하면 얼마의 경제성 효과가 있을 것인지 따져 본다는 말이지."

"아, 들어 본 적 있어. 예비타당성 조사를 말하는구나."

"맞아. 같은 개념이지. 국가도, 회사도 경제성을 먼저 생각해."

"돈이 돼야 한다는 거네."

"그렇지. 혹시 새만금 간척지 사업에 대해 들어 본 적 있어?"

"그럼, 어릴 때부터 계속 뉴스에 나왔던 것 같은데. 세계 최장의 방조제라면서 엄청 떠들썩했잖아. 그 사업은 아직도 하고 있나? 최근에 바닷물이 다 썩어 가고 있다는 뉴스를 본 것 같은데."

"그 사업에 경제성 분석을 어떻게 했는지 몇 가지 논문과 뉴스 기사들을 찾아봤어. 그런데 논란이 있는 부분이 있더라고. 일반적인 논리 구조는 이렇게 돼. 단편적인 예지만 한번 생각해 봐. 우선 방조제를 쌓아 바다를 메울 거야. 그리고 그 땅에 농경지를 조성하고, 거기서 벼를 재배하고, 쌀을 판다. 그러면 경제성 효과가 얼마일 것이다. 이런 방식일 거야."

"그렇겠지."

"그런데 이 쌀 가격을 일반 가격보다 15배 이상 과대 평가했다는 이야기가 있어. 쉽게 말해서 쌀 10kg에 4만 원이라면, 10kg에 60만 원에 판다고 가정하고 경제성 분석을 한 거야."(출처: KDI 한국 개발연구원 새만금사업 환경영향 공동조사단의 새만금 간척사업에 대한 경제적 타당성 평가의 재평가)

"바다를 메운 땅에서 벼가 쉽게 자라지 않을 것 같은데. 그리고 거기서 나온 쌀 품종이 그렇게 좋을 것 같지도 않고. 말이 안 되는 것 같아. 정부가 굉장한 실수를 한 것 같은데."

"하나의 사례로 전체를 판단할 수 없기도 하고, 지금 내가 말하고자 하는 바는 새만금 개발의 옳고 그름을 말하고 싶은 건 아니야. 단지 개발은 이런 식으로도 이루어질 수 있다는 거지. 꼭 필요하니까 개발하는 게 아니라 필요한 이유를 만들 수도 있어."

"필요가 우선이 아니고 필요를 만들 수도 있다? 그런 이야기야?"

"그럴 수도 있지. 영훈아 너는 언제나 이성적이고 논리적이고 합리적인 선택만 하니?"

"갑자기 무슨 뜬금없는 질문이야? 별로 생각해 본 적은 없는데."

"행동 경제학에서 가장 유명한 실험 중에 '최후통첩 게임'을 예로 들어 볼게."

1. 진행자는 A에게 1백만 원을 주고 B와 나눠 가지라고 말한다.

　└. A는 1백만 원을 혼자 다 가져도 되고, 반반씩 나눠도 되고, 모두 다 B에게 줘도 된다.

2. B는 A의 제안을 수락해도 되고 거절해도 된다.

3. 단, B가 승낙할 경우만 돈을 가질 수 있다. 거절할 경우 둘 다 돈을 받을 수 없다.

"고전 경제학 이론들은 인간이 이성적인 계산 기계라고 생각했어. 대부분 A는 99만 원을 갖고 B에게 1만 원을 줄 거라고 예측했지. B가 합리적인 사람이라면 1만 원이 공짜로 생기는 거야. 그러면 거절할 일이 없잖아. 사실 A가 99만 원을 가져가는 건 B와는 상관없는 일인 것이고."

"내가 B라면 1만 원을 포기했을 것 같은데. A만 너무 많이 가져가는 것 같아."

"나도 너와 같은 생각이야. 실험 결과 역시 낮은 액수를 제안 받은 B는 불공평하다는 이유로 거절했어. 이런 생각 때문에 처음부터 너무 낮은 금액을 부른 A는 거의 없었다는 거야. 대부분 똑같이 나누거나 아니면 자신이 조금 더 많이 갖는 쪽을 선택했어. 생각해 봐. B는 합리적으로 생각해 볼 때 단돈 1만 원이라도 얻는다면 거절할 이유는 없거든."

예전에 받았던 휴대 전화 문자 메시지를 하나 떠올려 본다.

● **대상 및 쿠폰 내용**

내용: 스타벅스 카페 아메리카노(Tall) 1잔 또는 편의점 5,000원 모바일 쿠폰(택 1, 선택 완료 후 변경 불가)

제공: 20XX.05.23(금)에 회원님의 휴대 전화 문자 메시지로 발송

띠릭, 휴대 전화에 울리는 알람 문자를 확인해 보니 이벤트 쿠폰을 받을 수 있었다. 스타벅스 아메리카노 쿠폰(4천 5백 원)과 편의점 5천 원 쿠폰 둘 중에 하나를 받을 수 있다. 나는 스타벅스도 자주 이용하고 편의점 역시 자주 이용한다. 현명하고 논리적인 사람이라면 당연히 5백 원이나 더 비싼 편의점 쿠폰을 받아야 할 것이다. 하지만 나는 그날 먹고 싶었던 스타벅스 아메리카노를 선택한다. 인간은 항상 논리적이고 합리적인 선택을 할 거라 생각하지만 나는 실제로 그렇지 않았다.

"세상이 무조건 합리적인 방향으로 흘러간다고 생각하지 않아. 왜냐하면 결국 이 세상을 움직이는 건 사람이니까. 정부, 부동산, 회사 역시 하나의 존재라고 생각하는데 사실 실체가 없어. 그 속엔 사람밖에 없지."

정부라는 것은 사실 실체는 없다. 공무원이라는 개인들이 모여 정부가 된다. 정부라는 허상의 이익을 추구하기도 하지만 한 공무원의 이익을 추구하기도 한다. 부동산이 개발된다고 해도 그것이 주체적인 인격을 가진 건 아니다. 부동산을 영위하고 생활하는 주체는 결국 사람이다. 따라서 한 개인의 욕심과 욕망이 만나면 이성적으로 움직이지 않기도 한다. 회사 역시 마찬가지다. 법인이 있긴 하지만 그것이 실제로 존재하는 건 아니다. 겉에서 보기엔 사장을 중심으로 직원들이 회사의 이익을 내기 위해 모여 있는 것처럼 보인다. 하지만 가끔 회사는 조직의 이익보다 한 직원의 이익을 위해 움직이기도 한다. 모두 사람이 움직인다.

"그럼 합리적인 방향으로 우리가 바꿔야 할까?"

"다른 사람들을 바꾸는 것도 좋지. 하지만 우리 자신이 바뀌는 건 어떨까? 한번 이 글도 읽어 봐."

메신저의 글을 확인한다. 숫자 1이 사라진다. '어느 묘비명'이라는 제목의 글이다.

내가 젊고 자유로워서 상상력에 한계가 없을 때, 나는 세상을 변화시키겠다는 꿈을 가졌었다. 그러나 좀 더 나이가 들고 지혜를 얻었을 때, 나는 세상이 변하지 않으리라는 걸 알았다. 그래서 내 시야를 약간 좁혀 내가 살고 있는 나라를 변화시키겠다고 결심했다. 그러나 그것 역시 불가능한 일이었다. 황혼의 나이가 되었을 때 나는 마지막 시도로 나와 가장 가까운 내 가족을 변화시키겠다고 마음을 정했다. 그러나 아무도 달라지지 않았다. 이제 죽음을 맞이하기 위해 누운 자리에서 나는 문득 깨닫는다. 만일 내가 나 자신을 먼저 변화시켰더라면, 그것을 보고 내 가족이 변화되었을 것을. 또한 그것에 용기를 얻어 내 나라를 더 좋은 곳으로 바꿀 수 있었을 것을. 그리고 누가 아는가, 세상도 변화되었을지!

_영국 웨스트민스터 대성당 지하 묘지에 있는
1100년도 어느 성공회 주교의 묘비명

"행동은 네가 결정할 수 있어. 이런 상황에서 나는 어떻게 행동해야 할지 고민하는 사람이 현명하다고 생각해. 세상은 이성적이고 합리적으로 움직이지 않는다는 걸 받아들이는 것도 좋아. 그러면 생각보다 쉽게 풀릴 수 있어."

　세상은 비이성적이고 비합리적으로 움직인다. 나 자신 역시 합리적이지 않다. 사람들은 세상에서 비합리적인 걸 합리적인 것으로, 비이성적인 걸 이성적인 것으로 고치려고 노력한다. 이전에는 고치려고 노력하는 데 대부분의 힘을 썼다. 그 안에서 많은 부딪힘이 생겼다. 그러나 이번에는 비합리적이라는 사실을 받아들이기로 한다. 사람들을 바꾸는 데 힘을 쓰지 않고 나 자신을 바꾸기로 마음을 먹는다. 내가 바뀌면 내 가족이 변할 수 있고 주변 사람들이 달라질 수 있다. 그리고 세상 역시 달라질 수 있다.

상상력을
이용하라

시간은 자정을 향해 간다. 예고 없는 질문에도 그는 기다렸다는 듯이 응답을 한다. 피곤한 기색은 없다. 오히려 내가 질문을 해 줬으면 하고 바라는 것처럼 느껴진다.

"시간이 많이 늦긴 했지만 한 가지 이야기를 더 해 줄게. 이제 마지막이야. 하버드 대학의 사회학자 에드워드 밴필드 교수는 우리 사회에서 성공하는 사람들의 특징을 연구했대. 연구하려면 우선 가정을 해야 하잖아. 그래서 집안, 교육 수준, 지능, 사회적 네트워크, 학벌 같은 것들과 연관이 있을 거라고 예상한 거야. 하지만 장기간 조사해 보니 사실 그런 것들이랑은 관련이 없었대."

"그럼 어떤 것과 연관이 있는데?"

그가 뜸을 들인다.

"바로 '시간적 시야'라는 거야."

"시간적 시야?"

"이 연구 역시 합리적인 방향으로 접근했지만 결과는 비합리적으로 나온 것 같아. 우리나라 사람들도 지금은 개천에서 용이 나지 못하는 시대라거나 금수저를 물고 태어나야만 성공할 수 있다와 같은 생각을 많이 하잖아. 미국 사람들도 똑같이 생각하고 연구를 한 거야. 저 사람은 집에 돈이 많거나 지능이 높다거나 학벌이 좋아서 성공할 수 있을 거라는 가정을 하고 장기간 조사를 했는데 결과는 그게 아니었다는 거지."

"솔직히 말하면 결과를 듣고 나니 위안이 좀 되는 것 같아. 나 같은 사람한테도 기회가 있다는 이야기잖아."

"나도 마찬가지야. 이건 부동산 투자에만 한정적인 이야기는 아니야. 너 자신에게도 마찬가지이고 투자의 모든 영역 역시 마찬가지야. 세상이 합리적이지 않고 비이성적인 방향으로 움직일 수도 있다는 말을 바꿔서 생각해 보면 상상한 대로 된다는 거야. 거기에 논리적인 이해관계는 가져올 필요 없어."

"내가 생각한 대로 된다? 상상만 해도 신나는 일이야. 이준아. 이 생각을 어떻게 적용할 수 있을까?"

"처음에는 나 역시 부동산 투자를 하면서 세상 사람들이 말하는 '좋은 곳'에 투자하려고 했어. 개발 계획을 공부했고, 부동산 서적을 섭렵했지. 유명한 강사도 찾아다녀 보고 여러 전문가들이 주최하는 세미나에도 참석했거든. 역세권, 학교, 공원, 문화 시설이 갖춰져 있는 곳에 투자하려고 알아본 거야. 하지만 그곳에는 한 가지 걸림돌이 있더라고. 그래서 투자하지 않기로 했어."

"걸림돌? 그게 뭔데?"

"그곳은 너무 비쌌어. 내가 가지고 있는 돈으로는 살 수 없었어. 나와는 거리감이 있더라고. 그리고 내가 알고 있는 정보는 나만 알고 있는 게 아니었다는 사실도 함께 알게 됐지. 이후로 개발 예정지, 역세권은 피하기로 마음먹었어."

"그래서 남들이 좋아하지 않는 오래된 주택을 선택한 거구나. 그건 분명히 싸게 살 수 있을 테니까. 그건 내가 이번에 30년 된 빌라를 구매하면서 정확히 경험한 것 같아. 사람들이 관심이 없는 건 확실히 싸게 살 수 있으니까. 그런데 단순히 싸게 사는 것만으로 끝나면 안 되지 않을까?"

"거기에 시간적 시야와 상상력을 더하면 돼. 기다리는 희망을 만들어 놓는 거지."

"무슨 이야기야? 자세히 이야기해 봐."

"5년 전쯤, 수도권 쪽에 저렴한 매물을 찾아봤어. 그러던 중 서울과 인접한 수도권 한 지역이 눈에 들어왔어. 서울과 불과 5분밖에 떨어져 있지 않은 수도권인데 이상하게 그 동네 매물은 가격이 저렴한 거야. 바로 현장으로 달려갔지. 그곳은 시간이 멈춘 것 같은 느낌이 들었어. 건물이 대부분 5층 이하였고 빨간 벽돌 건물들이 즐비해 있었지. 편의점보다는 슈퍼가 많았고, 세탁 전문점보다는 세탁소가 많았고, 헤어숍보다는 미장원이 많았어. '서울과 불과 1km밖에 떨어져 있지 않은 곳인데 개발이 왜 안 됐을까?'라고 생각했지. 그 순간 하늘에서 엄청난 굉음이 들려왔어. 무슨 소리인가 확인하려고 고개를 들어 하늘을 바라봤지. 커다란 물체가 순식간에 하늘을 덮더라고. 그리고 나서야 그 지역이 왜 개발이 되지 않았고, 가격이 저렴한지 이유를 알 수 있었어."

"그 물체가 뭐였는데?"

"비행기야."

"비행기? 아, 그 지역이 공항 근처였구나."

"맞아. 서울에 위치한 국제공항 근처였어. 공항 근처라고 모두 비행기 소리가 나는 건 아니야. 그런데 이 동네 쪽으로 비행기가 이착륙을 하더라고. 거의 5분에 한 대씩 비행기가 이착륙하니까 소음도 엄청나지."

"역시 현장에 답이 있네. 그런데 이준아, 이런 곳에서 너라면 살 수 있겠어? 가끔 소리가 나는 것도 아니고 5분에 한 대꼴로 비행기가 지나간다면 생활하는 데 지장이 클 것 같아. 나는 자신 없다."

"처음엔 나도 너와 같았어. 이런 곳은 투자할 수 없을 거라고 생각했지. 그런데 머릿속에 저렴한 가격이 맴돌더라고. 비행기 소리는 신경 쓰이지만 서울과 가깝다는 위치는 너무 매력적이었어. 그래서 거의 한 달 내내 그 동네를 돌아다녔어. 그랬더니 비행기가 지나가도 하늘을 쳐다보지 않게 되더라고."

"그 소음도 결국 무뎌지고 적응하는구나."

"그런 것 같아. 동네 사람들과 이야기를 나눠 보니 비행기 소리를 신경 쓰는 사람은 거의 없더라고. 여담이긴 한데 이 지역 사람과 타

지역 사람을 구분하는 기준은 비행기가 지나가면 하늘을 보느냐 마느냐로 판단한다고 하더라고."

"말이 되는 것 같기도 하고."

동물은 환경에 적응한다. 사람 역시 환경에 적응한다. 도시 매미는 시골의 매미보다 더 크게 운다. 새는 날기 위해 뼛속을 비웠다. 낙타는 사막에서 적응하기 위해 물주머니를 만들었다. 카멜레온은 적들의 공격에 대비하기 위해 가죽 속의 색소를 바꾼다. 전쟁 중에 있는 인간 역시 외부 환경에 적응한다. 여태껏 고생 없이 자란 사람도 건빵과 물에 길들여진다. 이런 것도 적응하는데 비행기 소리쯤은 아무것도 아니라는 생각이 든다.

"환경이 좋지 않은 대신 부동산 가격이 저렴하잖아. 부동산 중개사 말에 따르면 월세는 그렇게 저렴하지 않더라고. 서울과 인접해 있어 주거 비용을 아끼기 위한 사람들은 많이 살고 있었어. 게다가 소음 때문에 공항공사에서 창호 교체를 지원해 주고 에어컨까지 무료로 설치해 준다더라고. 그래서 그 지역에 부동산을 몇 개 구입했어."

"결국 그런 지역까지 구매했구나. 너 정말 대단하다. 난 겁나서 그런 결정은 못할 것 같아."

"나도 두렵지 않은 건 아니야. 하지만 가만히 아무것도 하고 있지 않은 게 더 두려운 일이라고 생각하거든."

그의 말에 딱히 이견이 없다. 나 역시 가만히 있는 게 더 두렵다는 생각에 움직이고 있으니까.

"영훈아, 이제부터가 중요해. 이 지역에 시간적 시야와 상상력을 동원해 볼 거야."

나는 침을 꼴깍 삼킨다. 상상력이라는 단어는 초등학교 때 이후로 오랜만에 듣는 것 같다. 나에게 상상력이라는 게 존재하기는 할까? 현실이라는 단어에 가려 상상력은 퇴화한 것 같다.

"이 지역의 시간적인 관점을 최대한 멀리 보내 봤어. 그랬더니 뭐가 보인 줄 알아?"

"글쎄. 나는 아이디어가 떠오르지 않는데?"

"공항 이전이 보이더라고."

"에이, 그건 어려운 일 같은데. 수도권에 사는 사람들은 그 공항 덕분에 가까운 해외나 부산, 제주에 빠르게 나갈 수 있잖아. 나도 얼마 전에 아내와 제주도에 다녀왔는데 웬만한 근교보다 시간이 덜 걸리더라고. 그렇게 편리한 공항이 이전하기는 쉽지 않을 것 같아."

"네 생각도 맞아. 그럼 다시 한번 물어볼게. 5년 뒤에 이전할 수 있을까?"

"불가능하지. 말도 안 되는 일이야."

"맞아. 그럼 10년 뒤에는 어떻게 될까?"

"그것도 쉽지는 않을 것 같아."

"그렇지. 그럼 20년 뒤에는? 30년 뒤에는 어떻게 될까?"

"응? 그건 알기 쉽지 않을 것 같은데."

"맞아. 아무리 유명한 전문가라고 해도 30년 뒤는 알 수 없겠지. 아까 말한 대로 세상은 필요에 의해서 움직이는 게 아니잖아. 누군지는 모르지만 자신의 욕망과 욕심을 개입시킬 수도 있겠고. 30년 뒤는 그 누구도 어떻게 달라진다고 장담할 수 없어. 우리는 시간적 시야와 상상력만 동원하면 돼. 그러면 우리가 생각한 대로 펼쳐질 거야. 그렇게 30년을 기다리는 희망을 심어 놓은 거고."

"허무맹랑하다는 생각도 드는데."

"그렇게 생각하는 것도 무리는 아니지. 그런데 중요한 건 공항 이전을 하든, 그렇지 않든, 나는 별로 상관없어. 수익이 날 만큼 부동산을 저렴한 가격으로 구매했기 때문이야. 월세를 받고 있으니까 언제까지든지 기다릴 수 있지. 단순히 희망을 심어 놓은 과정이라고 생각하면 돼. 그랬더니 5년이 지난 지금 어떻게 됐는지 알아?"

"어떻게 됐는데? 지금도 공항은 그대로 있잖아?"

"아하하. 맞아. 비행기는 아직도 잘 날아다니고 있지. 그런데 나는 변화의 신호를 봤어. 작년에 그 지역 고도 제한이 풀렸어."

"와 정말이야?"

"그리고 그 지역 주변에 2만 세대의 신도시가 두 개나 들어온다는 거야."

"5분에 한 대 꼴로 비행기가 날아다니는 공항 옆에 아파트 대규모 단지가 들어선다고? 상식적으로는 이해가 되지 않지만 네 말대로 정말 공항이 이전할 수도 있을 것 같은데?"

"나도 그런 희망이 생겼어. 게다가 서울로 연결되는 지하철 계획까지 잡혔거든."

"이준아, 공항을 이전한다는 증거들이 분명한 것 같아. 나도 그쪽에 오래된 빌라를 하나 사고 싶다는 생각이 들어."

"나 역시 내 상상력으로 만든 미래가 현실이 될 것 같아. 그런데 영훈아, 이곳은 개발 호재가 생겼으니 이전보다는 저렴하게 매매하기 어려울 거야. 이건 내 시간적 시야로 만든 미래야. 너도 상상력으로 30년 후를 바라보면 돼. 사람들은 보통 어느 곳이 개발된다는 소식을 들으면 투자를 하지. 아까도 말했지만 그렇게 접근하면 저렴하게 매물을 살 수 없어. 그리고 개발이 지연되거나 취소가 된다는 리스크도 있잖아. 하지만 나는 반대로 접근한 거야. 개발이 되는 곳을 구매하는 게 아니라 내가 구매한 다음에 개발을 생각하는 거지."

"그렇게 접근하면 리스크가 많이 줄어들 수 있겠다. 어차피 월세를 받는 목적으로 투자를 했으니 개발이 되어도 좋고, 개발이 되지 않아도 상관없잖아."

"맞아. 투자할 땐 항상 그런 마음으로 해야 해. 그래서 오래된 빌라를 살 때 가장 중요한 건 저렴하게 사야 한다는 점이지. 네가 구매한 낡은 빌라 가격을 생각하면 충실하게 그 역할을 했어. 이제 남은 과제는 네 상상력으로 낡은 빌라의 30년 후를 만드는 거야."

"갑자기 마음이 편해진다."

"시간이 늦었다. 영훈아. 오늘 내가 한 이야기를 잘 생각해 봐. 네가 구매한 낡은 빌라의 30년 후를 그릴 수 있다면 계약을 하면 돼. 그 모습은 꼭 세상 사람들의 말이나 전문가의 이야기를 바탕으로 할 필요 없어. 왜냐하면 그 사람들도 알지 못하니까. 네 상상력으로 미래를 만들면 돼. 그리고 우리는 기다리면 되지."

"월세를 받으면서?"

"그렇지."

전화를 끊는다. 시간은 이미 자정을 넘어간다. 고민거리가 깔끔하게 날아갔다. 나는 상상력이 부족했다. 내 낡은 빌라를 너무 개성 없이 바라봤다. 사람들은 완성된 걸 좋아한다. 남들이 결정해 놓은 미래, 남들이 이미 결정해 놓은 개발. 인스턴트 음식과 같이 이미 다 만들어진 상태를 편하게 생각한다. 누군가 만들어 놓은 걸 따르기만 하면 머리를 사용할 필요가 없다. 그리고 긴장할 필요가 없다. 우리는 상상할 수 있는 힘을 신에게 받았는데도 잘 사용하지 않는다. 그게 훨씬 편하기 때문이다. 누군가가 만들어 놓은 완성품을 경계해야 한다. 우리의 위대함은 자신의 상상력에서 나온다.

나는 눈을 감는다. 내 낡은 빌라를 30년 뒤로 보내 본다. 30년 후가 보이는 듯하다. 나는 잔금을 내기로 한다.

꿈

99칸의 기와집이 보인다. 정자관을 쓴 한 대감이 수염을 멋스럽게 기르고 있다. 그는 내 앞에 앉아 담뱃대를 물고 있다. 나는 무릎을 꿇고 고개를 조아리다가 그의 얼굴을 확인하려 고개를 든다. 하지만 태양을 등지고 있어 얼굴을 확인하기 어렵다. 주위를 살펴본다. 양옆에는 나와 같은 자세를 취한 사람이 있다. 둘 다 검게 그을린 얼굴에 눈썹이 짙다. 눈은 벌겋게 충혈되었고 두툼한 손에는 굳은살이 보인다. 긴장을 한 얼굴에 분위기는 엄숙하다. 대감님이 말문을 연다.

"돌쇠야. 너를 우리 집 머슴으로 뽑아야 하는 이유가 무엇이냐?"

왼쪽 사람이 대답한다.

"예. 대감님. 저는 대감님의 머슴이 되기 위해서 옆 마을 30칸의 기와집을 소유한 김 부자 집에서 5년간의 머슴살이를 했습니다. 물을 길어 오는 속도는 다른 머슴들보다 2배는 빠릅니다. 저는 특히 청소

능력이 다른 머슴들보다 탁월합니다. 대감님 댁 99칸의 방바닥만큼
은 언제나 광이 나게 만들겠습니다. 기와집 주변 1리 안에는 떨어진
낙엽을 보지 못하실 것입니다. 소인을 뽑아 주십시오."

"김 대감 하고는 오랜 친구지. 잘 생각해 보겠네. 내 집에서 일한
다면 새경은 거기보다 다섯 냥은 더 얹어 줄 것이고, 일주일에 한 번
은 흰쌀밥을 주지."

이 말이 끝나자 이번에는 오른쪽 사람이 말한다.

"소인은 뒷마을 먹쇠라고 합니다. 저는 50칸의 기와집을 소유한
최 부자 댁에서 10년을 일했습니다. 최 대감님께서 추천서 한 장을
써 주셨으니 봐 주시기 바랍니다. 저는 농사일에 경험이 많습니다. 몇
년 전 마을에 큰 가뭄이 들었을 때 제가 농수로 관리를 잘하여 최 부
자 댁은 곡식이 넉넉했고 덕분에 기와집을 20칸 더 늘릴 수 있었습
니다. 또한 제 이름이 먹쇠지만 다른 머슴들보다 먹는 양이 적고 일
은 2배로 합니다. 언제나 해가 뜨기 전에 일을 시작하고 해가 져도 지
칠 줄 모릅니다. 남들은 저를 소 같은 사람이라고 부릅니다."

"먹쇠 자네 마음에 드는군. 이번 지원자들은 능력과 실력이 출중
해. 일 년에 한 번은 너희들에게 유급 휴가를 주겠다. 그때마다 고향
에 방문해도 좋을 것이야. 그리고 일하다가 몸이 아프면 허 의원 댁에
서 진료도 보게 해 주고 약재를 제공할 것이며, 너희들 가족의 진료
까지 지원해 줄 것이다. 게다가 방 두 칸짜리 초가집까지 마련해 주
지. 이런 복지를 머슴들에게 주는 집은 나밖에 없을 것이다. 아 참, 그
리고 설과 추석이 돌아오면 고기 산적과 떡, 만두 특식을 제공하고 두

냥씩의 성과급도 주마."

"감사합니다. 어르신."

두 명의 머슴의 목소리에 간절함이 느껴진다.

"이번에는 복쇠에게 묻겠다. 너는 할 말 없느냐?"

내 이름이 복쇠인가보다. 나는 무슨 말을 해야 할지 모르겠다.

"저도 열심히 하겠습니다."

나는 아무 말이나 한다.

"기분이 좋구나. 특별히 너희들을 다 채용하도록 하겠다. 여기 노비 문서가 있다. 각자 서명을 하도록 하여라."

우리 셋은 서명을 한다. 우리는 자작나무로 만든 호패를 받는다. 거기엔 노비라는 글자가 선명하다. 돌쇠와 먹쇠는 서로의 호패를 자랑한다. 자신의 호패가 더 빛나고 더 무겁다고 말한다.

기뻐하는 모습을 보고 대감이 말한다.

"왜 사람들은 열심히 살아도 삶이 별로 달라지지 않는지 알고 있느냐? 너희들은 악착같이 일하고 있는데 말이야."

돌쇠가 입을 연다.

"저희는 미천한 노비 신분으로 태어났기 때문입니다. 거리를 지나다 보면 굶어 죽는 사람이 넘쳐 나고 있습니다. 저와 제 가족들의 배만 불려 주신다면 더 바라는 건 없습니다."

"너희들은 나를 부자로 만들기 위해 밤낮없이 일하고 있다. 허리가 휠 정도로 말이다. 너희들은 근검절약하며 함부로 낭비하는 일이 없다. 조금 불공평하다는 생각이 들지는 않느냐?"

먹쇠가 대답한다.

"한 번도 그런 생각을 해 본 적은 없습니다. 저는 대감님 밑에서 평생을 목숨 바쳐 일하도록 하겠습니다."

"허허허. 그런 생각으로 평생 나를 위해 일해 줬으면 한다. 끼니는 걱정하지 말거라."

꿈속이지만 평생을 노비로 살며 일해야 한다는 먹먹함이 밀려온다. 나는 조심스럽게 말문을 연다.

"저는 생각이 조금 다릅니다. 저희는 너무나도 열심히 살고 있습니다. 그런데 대감님은 그렇게 살지 않으시는 것 같습니다. 매일 방에만 앉아 계셔도 창고에는 먹을 양식이 넘쳐 납니다. 이렇게 열심히 살고 있는 저희들은 내일 먹을 끼니를 걱정하고 있습니다. 신분의 차이 때문에 저희는 가난을 벗어나지 못합니다. 그래서 저는 세상이 불공평하다고 생각합니다."

"그건 신분의 차이 때문이 아니다. 생각의 차이지."

"그건 무슨 말씀이십니까? 저희들도 넉넉히 살아갈 수 있는 방법이 있겠습니까?"

"그럼, 물론이지."

"대감님, 그 방법이 무엇입니까?"

"사람들은 단순 노동을 열심히 하지만 나는 노력을 하고 있다."

"노력이라뇨? 저도 노력을 많이 하고 있습니다."

"종류가 다른 노력이지. 이를테면 나는 매일 글을 쓰고 뒷산을 거닐면서 생각을 하거든. 나는 이런 걸 노력이라고 하지. 너희들이 관심을 갖지 않는 일에 힘을 쓰고 돈이 되지 않을 것 같은 일에 힘을 쓴다. 정확히 이 두 가지에 노력을 하지. 너희들은 이해하지 못할 게야. 밤낮없이 일하기 때문에 이런 일에는 신경조차 쓸 수 없지. 아니, 오히려 쓸모없다고 생각하겠지. 하지만 그게 비결이라면 비결이야."

"소인은 잘 이해가 되지 않습니다."

"그게 자네의 상상력을 기를 수 있는 방법이란 말이야."

상상력? 낯설지 않은 단어다.

"대감님! 자세히 말씀 부탁드립니다!"

그리고 나는 고개를 든다. 그는 날 보며 웃고 있다. 익숙한 미소가 보인다. 나는 꿈에서 깬다.

Chapter 04

흔들리지 않고 성공하는 투자는 없다

•••
옳고
그름

"현철아 오랜만이다. 지난번 결혼식 때 보고 벌써 6개월이나 지났네. 어쩐 일이야."

"퇴근하다가 생각나서 예전 생각이 나서 들렀지. 오랜만에 소주 한잔하자고."

"좋지."

우리는 근처 삼겹살집으로 향한다. 이십 대 때는 가족보다 친구를 더 많이 만났다. 특별한 일이 없어도 습관적으로 항상 친구와 함께 있었다. 그땐 누군가 옆에 없으면 마음이 불안했던 것 같다. 더 많은 사람을 만나기 위해 주변을 배회하며 자연스럽게 군중 속으로 숨어들었다. '친구들 없이 살 수 있을까?' 이런 생각을 하기도 했다. 하지만 취업하고 결혼하니 서로 간에 만남이 줄어든다. 이것 역시 자연스럽게 적응한다. 주변 사람과의 만남이 줄어드니 한편으론 편하다는 생각까지도 든다. 이준이가 했던 말이 기억난다. 오래된 집을 고를 땐 볕보다 환기가 중요하다. 건물 사이 간격이 너무 가까운 집은 환기가 잘 되지 않는다. 그래서 곰팡이에 취약하고 습해지기 쉽다. 따라서 거주하는 사람의 건강에도 좋지 않다. 적당한 간격의 집이 좋은 집이다. 인간관계도 마찬가지라는 생각이 든다. 너무 멀면 외롭지만 너무 가까워도 문제가 생긴다. 서로 너무 잘 알기 때문에 상처를 주기도 한다. 삶의 문제는 거리가 멀기 때문에 발생하기보다 가깝기 때문에 생긴다. 인간관계 역시 적당한 거리를 유지하는 것이 좋다.

"요즘은 어떻게 지내?"

현철이가 소주를 따르며 묻는다.

"회사 상황이 좋지 않아서 격일 근무만 하고 있어."

"고민이 많겠는데? 한 잔 해."

"그렇지. 그래도 몇 개월 지나니까 괜찮아졌어. 생각도 많이 정리했고. 월급이 줄어든 만큼 내 시간도 늘었으니까. 월급과 자유는 반비례라는 생각이 들더라."

"꽤 긍정적으로 바뀐 것 같은데? 그 시간에는 뭘 하는데?"

"책도 보고 공부도 하고 있어."

"영어? 아니면 자격증? 공무원 시험? 어떤 공부를 하는데?"

"부동산 투자 공부 좀 하고 있어."

"투자? 갑자기 부동산 투자야?"

"얼마 전에 계약한 물건까지 벌써 집이 4채가 됐어. 월세 순수입만 해도 1백만 원 정도 돼. 이게 다 회사가 격일 근무로 시간을 준 덕분이라고 생각해."

"월세 받는 일이 쉬운 게 아니야. 우리 어머니도 다가구 주택에서 월세를 몇 개 받으시는데 매번 세입자들이 밤낮을 가리지 않고 연락을 해. 그것 때문에 스트레스를 많이 받으시는 것 같아. 누수가 있다든지, 곰팡이가 피었다든지, 주변 소음이 크다든지 하는 문제가 있다고 말이야. 매주 계단 청소도 해야 하고, 정화조도 주기적으로 관리해야 하고, 최근에는 옥상에 누수가 생겨서 큰돈을 세입자에게 물어주었다고 하시더라."

"맞아. 쉽진 않지. 가만히 앉아서 월세를 받는 건 아니니까."

"아, 그리고 무슨 돈이 있어서? 회사도 어려워졌는데 돈을 더 아껴야 하는 거 아니야?"

"대출받았지."

"대출이라고? 투자한 부동산에 대출 금액이 얼마나 되는데?"

"아마 2억 원이 좀 넘을 거야."

"영훈아, 너무 무리하는 거 아니야? 제수씨는 가만히 있어?"

"아내도 처음에는 반대가 심했지. 그래서 처음엔 말하지 않고 계약을 했어. 그리고 첫 부동산에서 받은 월세는 모두 아내에게 가져다줬더니 조금씩 생각이 달라지더라고."

"제수씨가 돈맛을 봤구나."

"그럴 수도 있지. 매월 받는 전체 월세의 절반은 아내에게 주고 있어. 생활비가 늘어나니까 이제는 오히려 아내가 관심이 더 많아. 요즘은 주말마다 아내와 같이 부동산 매물 보는 재미로 살고 있어."

"그래도 걱정되지 않아? 대출액만 해도 몇 년 치 연봉이잖아. 월급도 줄었는데 나중에 문제가 생기면 어떻게 하려고?"

대출은 금리가 오를 수 있다. 주식은 하락할 수 있다. 부동산은 가격이 폭락할 수 있다. 세상엔 위험한 일투성이다. '위험한데 횡단보도는 어떻게 건너니? 추락할 수 있는데 비행기는 어떻게 타니?'라고 말하려다가 참는다. 요즘은 투자에 부정적인 이야기를 들으면 발끈하게 되는 것 같다.

솔직히 말하면 현철이가 내 투자에 관심을 가질 거라 생각했다. 어쩌면 그가 투자 방법에 대해 물어봐 주기를 기다렸는지 모른다. 하지만 친구는 월세보다 대출에 초점을 맞춘다. 나는 월세를 한 달에 네 번 받는다. 반대로 이자 역시 한 달에 네 번 낸다. 월세에 조명을 비추는 사람과 이자에 초점을 맞추는 사람의 생각은 달라진다. 현철이에게 자산과 부채, 좋은 빚과 나쁜 빚부터 설명하려다가 그만둔다. 그에게 군이 투자에 대한 명분을 설명하고 싶지 않다. 모든 걸 설명하려면 한 달 내내 붙잡고 설명해야 할 것 같다.

생각해 보면 현철이 말도 맞다. 현철이는 좋은 회사를 다니고 있다. 회사 안에서 능력도 인정받아 남들보다 진급도 빠르다. 좋은 학교를 졸업했고 높은 연봉을 받고 있다. 부모님도 넉넉한 편이다. 그에게 투자는 불필요하다는 생각이 든다. 아무리 가까운 친구라도 내 입장과는 다르다. 세상엔 투자가 필요하지 않은 사람도 있다. 모두 다 나와 같을 수 없다.

아무리 좋은 빚을 냈다고 하더라도 안전하다고만 생각하지는 않는다. 나도 대출이 위험한 걸 알고 있다. 그렇지만 그 생각은 배부른 고민이라는 생각도 든다. 당장 생계가 걱정인데 가만히 있을 순 없다. 회사 상황이 나아지길 기다리고만 있을 수 없다. 주식 투자도 좋고, 아파트 투자도 좋다. 하지만 내 상황에 맞는 건 낡은 빌라를 구매하는 것이다. 현금 흐름 투자로 내 월급을 보완하는 것이 방법이라고 생각한다. 가진 돈으로는 한계가 있으니 당장 좋은 빚을 내는 게 더 나을 수도 있다.

나 역시 안전한 게 좋다. 세상에 안전한 걸 좋아하지 않는 사람이 어디 있겠는가? 하지만 투자란 그런 위험들을 감수하는 일이다. 투자는 모험이고, 실패하거나 심지어 망할 수도 있는 가능성이 있다. 모험을 회피하고, 위험을 감수하지 않으면 항상 그 자리에 머물 수밖에 없다. 수익도 있고 위험 역시 존재하는 것이 투자이다. 불현듯 조선시대 명재상 황희 정승 이야기가 떠오른다.

어느 날 집안의 하인 부부 중 아내가 황희 정승을 찾아와서 물었다.

"오늘이 아버님 제삿날인데 저희 개가 새끼를 낳았습니다. 아무래도 새로운 생명이 태어났으니 제사를 드리지 말아야 하지 않겠습니까?"

"제사는 안 드려도 된다."

황희 정승이 답했다. 그런데 조금 있다가 남자 하인이 찾아와서 물었다.

"아버님 제삿날에 저희 개가 새끼를 낳았지만 그래도 제사는 드려야겠지요?"

"그렇지, 그래도 제사는 드리는 게 좋겠지."

그러자 옆에 있던 정승의 부인이 말한다.

"대감께서는 어찌 같은 일에 둘 다 옳다고 하십니까?"

"듣고 보니 부인 이야기도 맞네."

그리고 독서를 이어서 했다.

이제는 이해가 된다. 빌라 투자를 반대했던 아내도 이해가 되고, 낡은 집을 구매하는 걸 추천하지 않은 중개사도 이해가 되고, 오래된 집에서 월세를 받겠다는 걸 다시 생각해 보게 한 정 차장님도 이해가 된다. 그들의 입장에서는 그 생각이 맞다. 하지만 내 입장에서는 내 생각 또한 맞다.

무엇보다 직접 월세를 1백만 원 정도 받아 보니 믿음이 생긴다. 이준이에게 말로만 설명을 듣고 머리로만 이해했을 때보다 확신이 생긴다. 물론, 1백만 원의 월세를 받는다고 삶이 획기적으로 달라지진 않는다. 하지만 마음의 여유가 생긴다. 논리적으로 현철이를 설득하긴 어려울 것이다. 하지만 나는 이게 맞다고 생각한다.

지구의 자전을 이해해서 내일도 해가 뜰 것이라고 믿는 게 아니다. 생리학을 공부해서 인간이 죽음을 맞이하는 것을 아는 게 아니고, 기계 공학을 배워서 자동차에 시동을 걸어 운전하는 게 아니다. 해가 뜨는 모습과 사람이 죽는 걸 직간접적으로 봤기 때문이고, 시동 버튼을 누르면 운전을 할 수 있는 경험을 했기 때문이다.

월세를 직접 받아 보니 이 방향이 맞다는 생각이 든다. 이준이가 왜 자신이 부자라고 말했는지 아주 조금은 공감이 되기도 한다. 누가

뭐라고 해도 낡은 빌라에서 월세 현금 흐름 투자를 하는 것이 나와 잘
맞다.

수동 펌프와
자동 펌프

오랜만에 카페로 출근했다. 따뜻한 드립 커피를 주문한다. 아침 공기와 커피 향이 섞여 있다. 데니스 솔리의 재즈 음악이 들려온다. 버스를 타기 위해 사람들이 긴 줄을 서 있는 모습이 창밖으로 보인다. 처음 왔을 때보다 사람들의 옷차림은 제법 두터워졌다. 이준이에게 투자 수업을 받은 지는 6개월쯤 되어 간다. 총 4채의 낡은 빌라를 구매했다. 지금까지 투자를 정리해 본다. 모아 놓은 돈과 마이너스 통장으로 첫 번째 낡은 빌라를 구매했다.

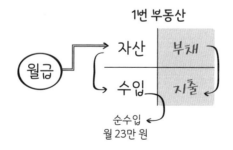

여기서 월 23만 원의 수익을 만들었다. 크기는 다르지만 월급과 월세라는 두 개의 수입이 생긴 것이다. 첫 번째 부동산에서 세입자의 보증금을 회수한다. 그렇게 되면 마이너스 통장 잔액에 아직 여유가 있다. 이와 같은 방법으로 두 번째 부동산은 월 순수입 25만 원, 세 번째 부동산은 월 22만 원의 순수입을 만든다.

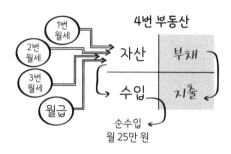

최근에 3채의 월세와 월급으로 네 번째 부동산에서 월 25만 원의 순수입을 만들었다. 월세 순수입은 거의 1백만 원이 되었다. 돈을 모으는 속도는 전보다 빨라지는 느낌이 든다. 수입은 늘었지만 삶은 크게 달라지지 않는다. 오히려 소비는 줄이고 악착같이 돈을 모아 자산을 구입한다. 모아 둔 저축과 마이너스 통장은 이때쯤 이미 소진했다. 통장 잔고는 줄었지만 월급 외 수입이 네 곳에서 더 들어온다고 생각하니 마음이 편안해졌다. 월세라는 수입을 늘리다 보니 문득 이것이 현금 흐름이라는 파이프라인을 개발하고 있다는 생각이 들었다. 비유를 하면 이렇다.

우선 대학 졸업 후 회사라는 수원지를 개발한다. 수도관의 크기는 월 3백만 원짜리이다. 그림으로 표현하면 이렇다.

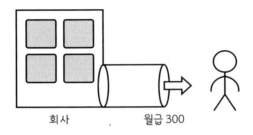

그런데 회사에 위기가 오면서 내 수도관의 크기는 줄어들었다. 삶에 위기가 온다. 주변 사람들은 줄어든 수입을 대리 운전이나 아르바이트와 같은 부업으로 보완하려고 한다. 하지만 그 일들은 끊임없이 시간을 들여 노동을 해야만 하는 수입이다. 그때 알게 된다. 회사라는 수원지의 물을 얻을 때 자동으로 작동하는 펌프를 사용하는 게 아니라 수동으로 작동하는 펌프를 사용해야 한다는 것을.

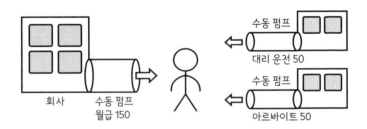

월급이 줄어들지 않았다면 나는 이 사실을 알지 못했을 것이다. 부업과 회사일의 차이가 있다면 부업보다는 회사의 펌프가 조금 더 성능이 좋다. 그러나 단지 시간 대비 효율이 좋다는 의미이다.

일부 행동이 빠른 직원들은 다른 회사로 이직을 한다. 이들은 주로 펌프의 성능을 높이려고 노력한다. 효율이 좋은 펌프를 찾고 있는 것이다. 하지만 펌프의 종류가 수동이라는 점은 달라지지 않는다. 나는 주변 다른 사람들의 말보다 이준이의 조언을 듣는다. 수동 펌프의 개수를 늘리지 않고, 효율 높은 펌프를 찾지 않는다. 펌프의 종류를 바꾸기로 마음먹는다.

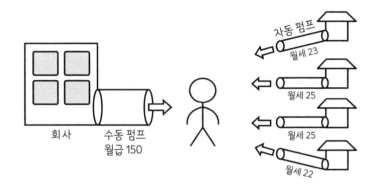

나는 수동 펌프를 자동 펌프로 바꾼다. 물론 내 자동 펌프의 성능은 아직 좋지 않다. 낡은 집이라는 자동 펌프에서 나오는 수입의 크기는 상대적으로 작다. 하지만 펌프의 종류를 수동에서 자동으로 대체해 간다. 한번 구축해 놓으면 내 시간은 덜 쏟아도 되니까. 가끔 사람들은 말한다. 월세가 밀릴 수 있다거나 공실이 생기기도 하고 세입자의 민원도 들어오지 않느냐고. 그것 역시 손이 가는 일이다. 세상에 100% 자동은 없다. 자동에 보다 가깝거나 수동에 좀 더 가까운 펌프만 있을 뿐이다.

"뭘 그렇게 열심히 그리고 있어?"

익숙한 목소리가 들린다.

"어, 이준아, 지금까지 수입을 한번 그림으로 그려 봤어."

그가 내 그림을 자세히 바라본다. 무표정한 얼굴로 그림을 보더니 이내 입을 연다.

"좋은 비유다. 펜 좀 줘 봐. 여기에 조금 추가해 볼게. 앞으로는 지금까지 했던 대로 하면 돼. 회사를 다니면서 작은 부동산에서 월세를 계속 늘려 가는 거지. 나 역시 낡은 빌라의 월세가 회사 월급을 넘어섰을 때 회사를 그만뒀어. 수동 펌프의 수입은 끊어 버린 거지."

회사   수동 펌프   자동 펌프
      월급   월세 수입

"계속 이렇게 늘려 가면 되겠다. 그리고 나도 너처럼 지긋지긋한 회사도 퇴사해야겠어."

그의 말에 용기가 생긴다.

"그래 영훈아. 월세가 더 늘어나면 네 시야는 분명히 더 넓어질 거야. 투자는 나선형의 계단을 오르는 것과 같아. 계단을 올라가면서 너는 더 높이, 멀리 볼 수 있어. 지금 창밖으로 보이는 모습과 나중에 보이는 모습은 차이가 있겠지. 지금 모든 걸 결정해 놓을 필요는 없어. 지금은 계속 계단을 올라가겠다는 생각만 하면 돼. 계단을 오르는 즐거움에 집중하는 거지. 그리고 계단을 올라가면서 부딪침이 생기면 그때 같이 생각해 보자."

"고맙다, 이준아. 그럼 넌 수동 펌프의 수입을 끊었는데, 앞으로 어떤 방향으로 움직일 생각이야?"

"이제 나는 시간이 많잖아. 내가 물질적인 부자라고 말하기는 어렵겠지만 분명한 시간 부자야. 그 시간에 다른 종류의 자동 펌프 수입을 구축할 생각이야."

"시간 부자? 멋지다, 이준아."

"지금까지 투자한 내용을 정리해서 책을 쓰고 있어. 그리고 투자한 내용을 영상으로 담아 동영상 공유 사이트에 올리기도 하고. 또 지금까지 너와 함께 했던 내용을 바탕으로 강의도 만들고 있지. 나 역시 새로운 파이프라인을 구축하고 있어. 물론 이 파이프라인은 시작 단계니까 수입이 좋지는 않아. 하지만 부동산 월세 수입이 시간이 가면서 늘어났던 것처럼 이 파이프라인 역시 나중에는 관의 크기가 커질 거라 생각해."

"그림으로 표현해 보면 이렇게 되겠다."

(다음 페이지 계속)

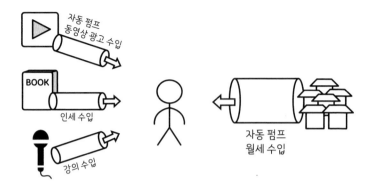

자동 펌프
동영상 광고 수입

BOOK
인세 수입

강의 수입

자동 펌프
월세 수입

"그렇지. 나만의 현금 흐름 파이프라인을 구축할 생각이야."

"나는 저런 생각은 미처 하지 못했어."

"나도 마찬가지야. 처음에는 나 역시 다른 종류의 파이프라인을 늘려 가야겠다는 생각은 하지 못했어. 그런데 월세 현금 흐름 파이프라인이 늘어나면서 시야가 넓어질 수 있었던 것 같아."

"아, 이게 네가 말했던 나선형의 계단을 올라가면 보이는 시야가 달라진다는 말이구나."

"그런 셈이지. 그리고 내 목표는 조금 더 다양한 수입원을 확보하는 거야. 나는 수업과 글 쓰는 일을 오랫동안 하고 싶어. 죽는 날까지 하고 싶거든. 그러려면 오래 생존해야 하잖아. 100세 인생이라고 생각했을 때 우리 삶은 아직도 많이 남았어. 못해도 60년이나 남았단 말이야. 그러면 누가 오래 생존할 수 있을까 생각해 봤지. 그랬더니 다양한 종류를 먹이로 하는 잡식 동물이란 생각이 들었어."

"잡식이라고?"

"응, 그래. 생각해 봐. 오래 살아남을 수 있는 존재가 잡식 동물이

잖아. 모든 종류의 먹이를 먹어 치우는 건 때와 장소의 영향을 받지 않고 자신의 종을 퍼뜨리는 데 필수 불가결한 조건이야. 한 가지 먹이에만 의존하는 동물은 그 먹이가 떨어지면 생존에 위협을 받겠지. 이건 생존의 법칙이라는 생각이 들더라고. 한 종류의 곤충만 먹고사는 많은 종류의 새들은 그 곤충들이 이동하는 것을 따라잡지 못하면 결국 멸종되고 말 거야. 유칼립투스 잎만 먹고사는 코알라들은 그 나무가 없으면 살아남을 수가 없잖아. 대나무 잎이 주식인 판다 역시 개체수가 줄고 있어. 한 가지 먹이, 즉 하나의 파이프라인만 고집하는 건 우리의 삶을 위태롭게 할 수 있어."

월급이 절반으로 줄어들어 온몸으로 느꼈던 불안감이 다시 생각난다. 생존의 위협까지 느꼈다. 그때는 단순히 월급이 절반으로 줄어들어 불안하다고 생각했다. 나의 불안함은 남들보다 적은 월급 때문이라고 생각했다.

하지만 그 계기로 나는 멈춰 서서 주변을 살펴볼 수 있었다. 더 좋은 회사를 다니는 친구들이나 사업을 하는 친구들 역시 불안해하고 있다는 생각이 들었다. 보통은 파이프라인의 크기가 커지면 불안함은 사라질 거라 생각한다. 하지만 불안함의 크기는 파이프라인의 크기 때문이 아니라 파이프라인의 개수 때문인 것 같다.

"그런 것 같아. 이제 파이프라인의 크기가 아니라 개수를 늘리는 데 힘을 써야겠어. 나 역시 생존을 위협하는 불안감은 잘 알 것 같아."

...

월세의
힘

유발 하라리의 『호모 데우스』를 보면 흥미로운 사례가 나온다. 비아
그라는 원래 혈압 치료제로 개발되었다. 화이자사는 그 약이 발기 부
전에도 효과가 있다는 사실을 우연한 계기로 알게 된다. 덕분에 전 세
계 수백만 명의 남성들은 정상적인 성 기능을 되찾는다. 그런데 얼마
지나지 않아 정상인 남성들이 보통 이상의 성 능력을 얻기 위해 이 약
을 복용하기 시작한다.

　오늘날의 성형 수술은 1차 세계대전 때 전쟁으로 다친 병사들을
치료하기 위해 시작했다. 전쟁이 끝나자 외과 의사들은 멀쩡한 코를
아름다운 코로 바꾸는 데에 기술을 사용할 수 있다는 걸 깨닫는다. 물
론 다친 사람들에게 성형 수술은 오늘날까지 도움이 된다. 하지만 시
간이 지날수록 의사들은 보통 사람들의 외모에 관심을 집중한다. 그
래서 요즘 성형외과 의사들은 건강한 사람들의 외모를 원하는 대로

바꿔 주고 부자들을 아름답게 만들어 주면서 돈을 번다.

이처럼 세상일은 원래 의도와는 다르게 흘러가기도 한다. 나에게 월세는 이와 같다. 불안한 월급 때문에 월세를 늘렸다. 수입 하나만 생각하면서 낡은 집을 구매했다. 만약 회사가 월급을 반토막이 아니라 반의 반토막으로 통보하게 되면 나는 또 받아들일 수밖에 없는 입장이다. 또다시 피해자가 되고 싶지 않다. 그래서 반토막 난 월급만큼 월세를 만들겠다고 생각했다.

월세가 늘어날수록 의도하지 않은 경험을 한다. 마음이 편안해진다. 삶에 대한 부담감이 줄어든다. 그 편안함은 마음의 짐과 욕심을 덜어 놓는 데서 온다. 욕심을 부리지 않으면 결과에 연연하지 않을 수 있다. 짐을 내려놓으면 몸에 힘을 뺄 수 있다. 예전에는 몸에 잔뜩 힘이 들어갔다. 뭐든지 잘하려고 힘을 줬다. 누군가에게 좋은 결과를 보여 줘야만 한다는 강박이 있었다. 결과가 좋으면 다행이지만 그렇지 않으면 후유증이 컸다. 그 중압감으로 몸과 마음은 더 경직됐다.

이제는 월세가 있기 때문에 부담을 덜고 회사 일에 힘을 뺄 수 있다. 결과가 좋든 나쁘든 상관없다. 이는 최선을 다하지 않는 것과는 다르다. 종류가 다른 수입을 만들어 내는 방법을 알기 때문에 욕심을 내려놓고 자연스럽게 몸에 힘을 뺄 수 있다. 모순적으로 회사의 업무 성과가 좋아진다. 역설적으로 동료들과 관계도 나아진다.

회사 생활도 그렇지만 운동 역시 마찬가지이다. 야구 배트를 휘두를 때 힘을 빼야 홈런이 나온다. 골프채는 가볍게 잡고 어깨에 힘을 빼야 체중 이동이 쉽다. 그래야 공을 200야드 이상 보낼 수 있다. 테니스를 칠 때 역시 힘을 빼야 스윙에 가속이 붙고 부상을 막을 수 있다. 축구를 할 때는 몸에 힘을 빼고 유연하게 차야 강한 슈팅이 나온다. 힘을 뺀다는 건 쉬운 일 같지만 어쩌면 가장 어려운 일이다. 내 삶에서 힘을 빼는 방법으로 월세를 늘려 가면 된다.

그런데 한구석에서 불편한 마음이 생긴다. 월세만 늘려서는 더 넓은 집으로 이사를 가고 더 좋은 차를 타는 건 포기해야 하는 것인가 하는 생각 때문이다. 솔직히 말하면 물질적인 욕심이 나지 않는 건 아니다. 조심스럽게 이준에게 말했다.

"이준아, 이건 조금 이른 고민일 수도 있는데 그렇다면 삶의 질은 어떻게 높일 수 있을까? 월세만 늘려 가면서 30년이 넘은 아파트에 평생 살아야 할까? 몇 년 전 구매한 중고 차를 10년은 더 타야 하나 싶은 막막함도 생기거든. 네 말대로 월세 현금 흐름 투자가 나도 맞다고 생각해. 하지만 아내가 차를 바꾸자고 하는데 가진 돈을 모두 오래된 빌라에 쓰니 미안한 생각도 들고."

"맞아. 그런 생각이 들 수도 있지."

"시세 차익에 대한 욕심이 나기도 해. 부동산 경험을 조금 해 보니까 자신감이 생겨. 사람들이 관심을 많이 보이는 아파트로 차익을 남기고 싶다는 생각도 많이 들고, 시세 차익이 생기면 더 좋은 집과 차를 가질 수 있지 않을까 하는 생각도 들어."

"맞아. 그런 생각이 드는 건 당연한 거야. 네가 삶의 질에 대해서 고민한다는 것 자체가 전보다 계단을 더 올라왔다는 증거야. 그럼 파이프라인, 즉 네가 지금까지 만든 자유 소득을 활용하는 방법에 대해 이야기해 줄게."

"지금 받는 월급과 월세를 모아서 그게 가능할까?"

"모을 필요는 없어. 그걸 이용하는 거야."

"이용한다고?"

"영훈아, 회사 월급이 얼마지?"

"갑자기 민감한 질문을 하는 거야? 월급이 줄어든 건 너도 잘 알고 있잖아. 다음 달엔 정상화된다고 이야기하는데 그게 벌써 6개월이 지났어."

"얘기해 봐."

"원래 한 달에 3백만 원 정도 받았어. 지금은 반토막이지만."

"그걸 거꾸로 계산해 보자. 월급이 3백만 원이었다면 일 년에 3천 6백만 원을 받고 있는 거네. 그 돈이 월급이 아니고 이자 소득이라고 계산해 봐. 월급이 연간 3천 6백만 원이 아니라 이자 소득이 3천 6백만 원이라고 생각해 보는 거야. 요즘 예금 금리가 오르는 추세이긴 하지만 대략 2% 정도로 계산해 보면 이렇게 될 거야."

18억 원 × 2% = 3600만 원

"18억 원을 통장에 넣어놓으면 연간 3천 6백만 원의 이자를 준다는 거네."

"그렇지. 네 노동력은 18억 원의 현금 가치로 환산할 수 있는 거야. 이번에는 네가 받는 월세의 가치를 거꾸로 계산해 봐. 1백만 원 정도 받는다고 했지?"

"맞아. 한 달에 1백만 원 정도 월세를 받고 있으니 일 년이면 1천 2백만 원이네."

6억 원 × 2% = 1200만 원

"네가 6억 원을 통장에 넣어 놨을 경우 1천 2백만 원의 이자를 받는 거야. 네가 받는 월세는 단순히 1백만 원이 아니야. 6억 원을 저축한 것과 같아."

"이렇게 보니 생각이 좀 달라진다."

"그럼, 속도에 대해서도 생각해 봐. 네가 6억 원을 직접 모았다면 시간이 얼마나 걸렸을까?"

"월급이 대략 3백만 원이라고 생각하면 한 푼도 쓰지 않고 16년 이상 걸리겠네."

"맞아. 그런데 넌 6억 원의 가치를 모으는 데 6개월이 채 걸리지 않았어. 이러한 가치를 생각한다면 네 월세 1백만 원은 결코 가볍지 않을 거야."

"무게감이 느껴지네. 계산대로라면 일 년 동안 받는 월세가 2백만 원일 때 현금 1억 원을 모으는 것과 같다는 말이구나."

1억 원 × 2% = 200만 원

"그렇지. 일 년에 2백만 원을 12개월로 나누면 약 17만 원 정도네. 매월 17만 원의 현금 흐름, 즉 월세를 만든다는 건 1억 원을 모으는 것과 같겠다."

"그럼 이 가치를 가지고 어떻게 이용하면 될까?"

"좋은 질문이야. 돈을 차곡차곡 모아서는 부자가 되기 어려워. 현금 흐름의 가치를 이용할 생각하는 게 더 빠를 수 있지. 최근에 내가 바꾼 것들이 네가 고민하는 대안이 될 수 있을 거야. 현금 흐름을 이용해 내 삶의 질을 바꾸었거든. 구체적으로 말하면 지금까지 모아 둔 현금 흐름을 이용해서 더 넓은 집으로 이사를 갔어. 그리고 마음에 드는 차도 타게 됐지."

"어떻게? 모아 둔 돈이 있었어? 아니면 부모님께서 도움을 주신 거야?"

"그런 건 아니야. 구매하지 않고 빌리기로 했거든."

"빌린다고?"

월세
이용하기

"우선 거주하는 집은 월세로 가기로 했어. 이 아파트의 매매 가격은 거의 10억 원 정도 해. 만약 이 돈을 일해서 모은다고 생각했다면 나는 평생 걸려도 저축하기는 힘들었을 거야. 아마 지금도 회사에서 야근하면서 한숨을 쉬고 있어야겠지. 보증금에 따라 차이는 있지만 10억 원짜리 아파트는 월세가 1백만 원 정도 하더라고. 그래서 내 현금 흐름을 이곳에 사용하기로 했어."

"그 생각은 해 보지 못했어. 현금 흐름 파이프라인을 생활비로만 써야 한다고 생각했어. 월세를 받는다는 생각만 하고 낸다는 생각은 못했거든. 네가 이사 간 아파트 월세가 1백만 원이라면 지금 모아 둔 현금 흐름만으로도 옮길 수 있겠다. 물론 내가 받는 월세 1백만 원을 그 아파트에 지금은 사용하지 못하겠지만 말이야. 그런데 10억 원짜리 아파트에 거주할 수 있다는 생각만으로도 기분이 좋다, 이준아."

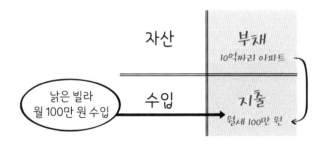

"맞아. 그 생각이 우리를 움직이게 하지. 그게 바로 동기야. 동기를 얻으면 뇌의 보상 회로가 작동하거든. 뇌 과학자들에 의하면 원하는 것을 얻을 수 있을 것 같은 느낌이 들면 뇌에서는 쾌락 물질인 '도파민'이 분비된대. 한번 경험하고 나면 뇌는 도파민을 더 원하게 되고, 특정 행동을 반복하는 거지. 그런데 도파민은 '얻었을 때'가 아니라 '얻을 것 같을 때' 분비된다는 특징이 있어. 집을 샀을 때가 아니라 투자할 집을 보러 다닐 때 흥분되고 빈집이 임대가 됐을 때가 아니라 임차인과 계약하러 가는 일이 설레는 거지. 10억 원짜리 아파트는 나와는 멀다는 생각이 들었는데 거주할 수 있다는 생각이 드니까 기분이 좋아지는 거야."

"맞아. 지금 내 두뇌에 도파민이 넘쳐흐르는 느낌이 들어. 그러면 최근에 구입한 자동차도 이런 방법을 이용했겠구나."

"응. 마음에 드는 자동차가 5천만 원 정도였어. 이 자동차를 대출받아 구입하면 발생하는 월 비용이 30만 원 정도 됐거든. 차를 먼저 갖고 싶었지만 순서를 정했어. 우선 낡은 빌라를 구매해서 30만 원 현금 흐름을 먼저 만들었지. 그리고 이 차를 구매했어."

"훌륭하다. 차를 먼저 구매했다면 월 30만 원만큼 힘들어질 수 있으니까."

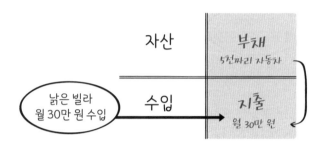

생각을 해 본다. 이준이의 대안은 현명하다. 하지만 마음 한구석이 불편하다. 부자가 되려면 수입을 불러오는 자산을 구매해야 한다. 이준이는 언제나 그 말을 강조했다. 나 역시 그 말은 변함없는 진리라고 생각한다. 하지만 부채를 구매한다는 생각에 약간은 거부감이 있다. 월세를 받아 보니 월세를 낸다는 건 더 불편한 일인 것 같다. 아직은 월세를 받는 건 좋은데 내는 건 아깝다.

"이준아, 그런데 월세를 내고 사는 건 여전히 조금 아깝다는 생각도 들어. 네가 항상 강조했잖아. 자산을 구매해야 한다고. 그래야 부자가 될 수 있으니까. 그런데 아파트와 자동차는 부채를 구매하는 거잖아. 그건 가지고 있으면 지출을 불러오는 명백한 부채라는 생각이 들거든."

"그건 그렇지. 너 이제 자산과 부채의 개념을 정확히 이해하고 있구나! 나 역시 그 생각을 많이 했어. 현금 흐름 투자의 특징은 내가 가진 돈을 계속 부동산에 투입해야만 한다는 거지. 그래서 투자를 멈추기 전까지는 돈이 모이지 않을 거야. 그렇게 하다 보면 끊임없이 일하면서 투자만 계속 해야 한다는 생각이 들기도 하지. '투자의 쳇바퀴'에 빠지게 되는 거야. 나 역시 그런 생각이 들었어. 그래서 나와 아내에게 적절한 중간 보상을 하기로 한 거야. 내가 투자하는 이유는 현금 흐름을 월 1천만 원, 2천만 원이 되도록 모으려고만 하는 건 아니야. 네 생각처럼 삶의 질을 높이고 싶기도 해. 무엇보다 삶의 질을 높이더라도 내 삶의 태도는 달라지지 않거든."

"그렇구나. 보통 사람들은 삶의 질을 높이기 위해 급여가 더 높은 회사로 옮기려 하는 것 같아. 일은 덜하고 돈은 많이 주는 곳으로 가야 한다고 생각을 하더라고. 그런데 너도 알겠지만 그런 회사는 없잖아. 유토피아를 찾고 있다는 생각이 들었어. 아니면 더 높은 자리로 진급하기 위해서 시간을 쏟기도 하고, 시간 외 근무로 수입을 늘리기도 하는 것 같아. 그것도 쉽지 않을 땐 아르바이트와 같은 부업으로 수입을 높이지. 그걸 이용해서 더 좋은 집과 더 좋은 차를 구매해야겠다고 생각하는 거야. 그런데 삶의 질을 높이기 위한 행동을 하면서 오히려 자신의 삶의 질은 떨어진다는 생각이 들더라고. 그리고 그 삶을 유지하기 위해 끊임없이 일을 해야 하지."

"맞아. 끊임없이 일해야 하는 시시포스의 형벌에 빠지지 않게 조심해야 해."

"시시포스의 형벌?"

그는 신이 난 얼굴로 인터넷을 검색한다. 그리고 인터넷 백과사

전에 나온 화면을 보여 준다.

고대 그리스 신화에 나오는 인물 중 시시포스는 가장 교활한 사나이라고도 불린다. 어느 날, 시시포스의 만행에 제우스는 분노한다. 그리고 당장 목숨을 거두어 오라며 죽음의 신을 그에게 보낸다. 하지만 꾀가 많던 시시포스는 이미 죽음의 신이 올 것을 예상하고 숨어 있다가 기습 공격을 한다. 죽음의 신을 감금하고 다시 지상의 삶을 연명하며 장수를 누린다. 하지만 수명을 다 누린 시시포스는 신들을 기만한 죄로 무시무시한 형벌을 받게 된다. 커다란 바위를 산꼭대기로 밀어 올리는 것이다. 바위는 정상 근처에 이르면 다시 아래로 굴러떨어진다. 그렇게 시시포스는 이 고역을 영원히 되풀이한다.

잠시 과거의 나를 돌아본다. 매일 아침 7시에 일어나서 붐비는 대중교통을 타고 출근한다. 한 시간이 걸려 출퇴근하고, 여덟 시간을 일한다. 월요일부터 금요일까지 내가 아닌 타인을 위해 일한다. 월급을 모아 저축하고 모든 물건은 할부로 구입한다. 주식과 코인 투자를 하면 부자가 될 수 있다고 믿는다. 하지만 이 고역을 영원히 되풀이한다. 이게 형벌이라는 생각은 해 보지 못했다.

"거주할 집을 꼭 구매할 필요는 없어. 그리고 이 방법을 활용하면 너는 나보다 훨씬 더 유리한 상황이 될 수 있어."

"내가 너보다 유리한 상황이 있다고?"

"물론이지. 네가 거주하고 있는 낡은 아파트가 있잖아. 그걸 팔고 이사 간다고 생각하지 말고 월세를 주고 월세로 이사 가는 거야."

"월세를 주고 월세로 간다고?"

"맞아. 판다는 건 조금 부담스러운 면도 있어. 정부가 가져가는 세금도 무겁고, 중개상에게 내야 할 수수료도 많지. 네가 거주하는 아파트 월세는 얼마나 할까?"

"글쎄. 생각해 보지 않아서 잘 모르겠네."

"지금 인터넷으로 시세를 확인해 볼까?"

우리는 인터넷 매물을 살펴본다.

"우리 집은 65만 원 정도 받을 수 있겠다."

"그럼 그 집을 월세 주고 65만 원을 받는 거야. 그리고 낡은 빌라에서 만든 월세를 보태면 월 1백만 원짜리 집에도 거주할 수 있겠다."

"아 그렇네. 오래된 빌라에서 월 35만 원을 만드는 건 그렇게 어려운 일은 아니니까."

"그렇지. 네가 투자했던 방법으로 반복하기만 하면 돼. 처음에는 어려웠겠지만 이제 어려운 일이 아니야. 현금 흐름표에 표현해 보면 이렇게 되겠다."

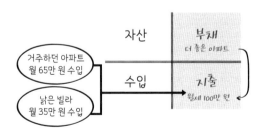

"이사를 가려면 집을 팔아야 한다고 생각했어. 내가 거주하고 있는 아파트의 가격도 올랐지만 옆 아파트는 더 가격이 올랐거든. 돈을 모아서 이사를 간다고 생각하면 가슴이 답답해졌고 대출받는다고 생각하면 한숨이 나왔어. 그런데 네 말을 듣고 보니 꼭 집을 팔아야 할 필요는 없는 것 같아. 이게 더 현실적인 방법이라는 생각이 든다. 당장이라도 이사를 갈 수 있겠어."

그는 말없이 미소를 보낸다.

···

불균형

현금 흐름표를 가만히 들여다보다가 의구심이 하나 생겼다. 약간의 차이는 있지만 10억 원짜리 아파트 월세는 1백만 원 정도 한다. 내가 살고 있는 낡은 아파트는 10억 원의 절반도 미치지 못한다. 그런데 월세 가격은 1백만 원의 절반이 아니다. 두 주택의 월세 가격은 매매 가격과 비례하지 않는다. 이 차이는 오래된 빌라와 비교하면 더욱 명확해진다. 덩치 큰 아파트에 비해 오래된 빌라의 매매 가격은 1/10도 되지 않는다. 그런데 월세 가격은 1/10이 아니다.

"이준아, 특이한 점이 있어. 낡은 빌라와 아파트의 매매 가격은 차이가 크잖아. 그런데 월세는 그렇게 차이가 나지 않는 것 같아."

"아 맞아. 그걸 느꼈구나. 세상에는 불균형이 존재하고 그 크기는 모두 다르지."

"불균형이라고?"

"응. 모든 시장에는 가격 차이, 즉 불균형이 존재해. 불균형의 크기가 큰 곳을 찾아낸다면 조금 더 편안하게 돈을 벌 수 있어. 생각해봐. 영훈아, 사람은 불균형을 이용해서 모두 같은 방법으로 돈을 벌고있어."

"돈을 버는 방법은 같다고?"

돈을 버는 방법은 모두 다 같다. 두 대상의 가격 차이를 이용하는 것이다. 우리 회사 사장 역시 이를 이용해 돈을 번다. 프로젝트를 맡긴 고객에게 받은 돈과 프로젝트를 수행하며 드는 비용(운영비, 인건비 등)의 불균형을, 장사하는 사람은 생산자와 소비자의 가격 불균형을 이용한다. 내가 임대 수익을 발생시키는 방법은 시중 은행의 금리와 세입자가 내는 월세의 불균형을 이용하는 것이다. 그러니 돈을 벌고 싶다면 불균형을 이용하면 된다. 그 불균형이 심하면 내게 돌아오는 수익은 크고 노동력은 비중이 작아진다. 자신이 만든 시스템에 들어가면 불균형이 크다. 남이 만든 시스템에 들어가면 불균형이 작다.

"영훈아. 10억 원짜리 아파트와 네가 처음 구매한 7천 5백만 원짜리 오래된 빌라를 비교해 보자. 우선 매매 가격은 10억 원짜리 거대한 아파트 1채와 7천 5백만 원짜리 빌라 13채 정도가 같다고 볼 수있겠다."

"단순히 가격만 보면 그렇게 되겠네."

"아파트 보증금은 1억 원 정도고 월세는 1백만 원 정도야. 그리고네 낡은 빌라 보증금은 1천만 원에 월세는 40만 원이야. 매매가 기준으로 계산한다면 빌라 13채에서 받는 임대료와 아파트 1채에서 받는

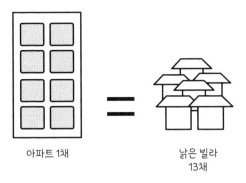

아파트 1채　　　　　　　　낡은 빌라
　　　　　　　　　　　　　　　13채

임대료는 같아야 해. 그러면 빌라 임대료는 얼마가 될까?"

"보증금 1천만 원에 13배를 하면 1억 3천만 원이고, 월세 40만 원에 13배를 하면 520만 원을 받아야 하네. 이렇게 비교해 보니까 명확해진다."

"그렇지. 현금 흐름 투자는 아파트보다 낡은 빌라가 좋다는 사실이 정확히 보이지?"

"굉장하다. 아파트를 팔고 오래된 빌라에 투자하고 싶어지네. 어

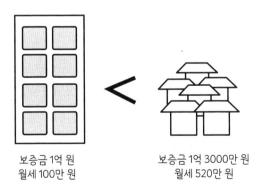

보증금 1억 원　　　　　　　보증금 1억 3000만 원
월세 100만 원　　　　　　　월세 520만 원

쩌면 덩치 큰 아파트를 깔고 있으면 바보 같다는 생각까지 드는데. 사람들이 왜 아파트만 선호하는지 이해하기 어려워."

"꼭 그런 건 아니야. 월세 수익률만 보고 모든 걸 판단할 건 아니니까. 우리가 투자하는 낡은 빌라가 가장 이상적인 투자라고 생각하지는 않아. 시세 차익 관점에서 바라본다면 낡은 빌라보다 아파트가 유리하겠지."

"그럴 수도 있겠다. 사람들은 시세 차익 관점에서 많이 생각하니까. 이전에는 왜 이런 생각을 하지 못했을까?"

"네가 어디에 있는지에 따라 보이는 게 달라지거든. 다수가 있는 곳은 밝은 곳이야. 소수가 있는 곳은 어두운 곳이지. 밝은 곳에 있으면 잘 볼 수 있다고 생각지만 실상은 그렇지 않아."

"그게 무슨 말이야?"

"일반적으로 우리는 어두운 밤보다 밝은 낮에 더 멀리까지 볼 수 있다고 생각하잖아. 하지만 낮에는 구름과 대기에 가로막혀 수십 킬로미터까지밖에 볼 수 없어. 그런데 깜깜한 밤하늘을 올려다보면 몇백만 킬로미터 떨어진 별들까지 볼 수 있잖아. 어두울 때 더 멀리 볼 수 있고 자세히 볼 수 있는 것도 있어."

"생각해 보니 그런 것 같기도 하네."

"사람들 모두가 좋다고 말하는 밝은 곳에 있으면 어두운 곳을 볼 수 없어. 하지만 모두가 관심을 갖지 않는 어두운 곳에 있으면 밝은 곳을 볼 수 있지. 그게 자연스럽잖아."

얼마 전에 자전거를 타던 기억이 떠오른다. 집 앞에는 한강 지류

중에 하나인 도림천이 있다. 하천을 따라 지하철 교량이 지나간다. 그 교량은 하천으로 들어오는 햇볕을 막는다. 교량이 하천의 숨구멍을 막고 있는 것처럼 보인다. 도림천 자전거 도로를 달리면 밝음과 어둠이 교차한다. 잠시 햇살을 받으며 달리다가도 지하철 굴다리에 진입하면 다시 어두워진다. 밝음과 어둠의 반복이다. 굴다리로 진입할 땐 속도를 늦춘다. 어둠 속에 무엇이 있는지 잘 보이지 않기 때문이다. 반대로 굴다리 안에 이미 진입한 뒤에는 속도를 높인다. 안에서는 밝은 밖을 환하게 잘 볼 수 있다.

겸업

생각을 정리해 본다. 월세 수익률이 좋은 집은 낡은 빌라다. 아파트는 월세 수익률이 좋지 않다. 수익률이 좋다는 건 집 주인이 유리하다는 말이고 수익률이 좋지 않다는 건 세입자가 유리하다는 뜻이다. 반대로 생각해 본다. 아파트에 월세로 거주한다는 건 상대적으로 저렴한 돈을 낸다는 말이고 낡은 집에 월세로 거주한다는 건 상대적으로 비싼 돈을 내고 거주한다는 말이다. 수익률이 좋은 집은 내가 투자하면 되고, 수익률이 좋지 않은 집은 내가 거주하면 된다.

고급 아파트의 월세 임대료가 비싸다고 생각하지만 집값은 훨씬 비싸다. 낡은 빌라의 월세 임대료가 저렴하다고 생각하지만 집값은 훨씬 저렴하다. 집값과 임대료를 비교해 본다면 가장 비싸게 사는 곳은 고시원, 반지하 그리고 오래된 빌라다. 그 생각이 떠오르자 마음이 불편해진다. 낡은 빌라의 거주 비용은 저렴하지 않다. 가난한 사람일

수록 더 비싼 임대료를 내며 살아간다.

"영훈아. 이제 투자할 부동산과 거주할 부동산을 분리할 수 있겠지? 낡은 빌라에 선입관이 생기는 이유는 자신이 거주할 부동산과 투자할 부동산을 구분하지 않기 때문이야. 오래된 집에 투자한다고 말하면 자기 자신이 그곳에 거주해야 한다는 생각을 하는 것 같아. 내가 살고 싶은 곳은 깔끔한 신축 아파트야. 이왕이면 교육 환경이 좋은 곳과 교통 시설이 편리한 곳에 살고 싶어."

"맞아. 그 말이 힘이 되네. 솔직히 말하면 나 역시 그런 곳에 살고 싶거든. 사람들은 투자자 입장에서 생각하지 않고 거주자 입장에서 생각하니까 오래된 빌라에 부정적인 생각을 가지고 있는 것 같아. 나도 주변 사람들의 생각에 영향을 받은 거지."

"우리 주위에는 비슷한 사람들밖에 없어. 사람들은 비슷한 사람을 찾아다니거든. 그곳에서 위안과 안정감을 느껴. 그러니 그들의 말이 항상 옳다고 생각할 필요는 없어. 그들의 생각은 선입관에 갇혀 있는 경우가 많거든. 생각의 폭을 넓히기 어렵지."

내 주변에는 나와 비슷하게 사는 사람이 많다. 회사를 다니고 월급을 받는 사람들이 대부분이다. 월급쟁이치고 월급쟁이들과 어울리지 않는 사람이 없다. 장사하는 사람 주변에는 장사하는 사람이 많다. 부자는 부자들과 어울리고 가난한 사람은 가난한 사람들과 어울릴 수밖에 없다. 모두 다 자기와 비슷한 부류의 피난처를 찾는다. 그들은 같은 옷을 걸치고 그들만의 언어를 사용한다. 비슷하게 생각하고 행동하는데 그 생각과 행동이 나 자신에게 영향을 준다.

"이준아. 내 스스로 비슷한 사람을 찾아간 거야. 나와 비슷한 사람이 옆에 있어야 마음에 안정을 느낄 수 있잖아. 그러다 보니 내 주변에는 나와 비슷한 생각을 하는 사람이 많은 거고. 그들과 생활하고 이야기를 나누다 보니 무의식적으로 그들의 생각이 곧 내 생각이라고 살아간 것 같아."

"나 역시 마찬가지야. 주변 사람들의 생각과 행동에 영향을 받는 건 자연스러운 거니까."

"그래서 말인데, 요즘 들어 회사를 그만두고 싶다는 생각이 많이 들어. 주변 사람들에게 오래된 빌라에 대해 이야기하면 내 투자가 잘못됐다고 충고하는 사람들밖에 없어. 좋게 이야기해 주는 사람은 단 한 명도 없거든. 주변에 사람은 많은데 혼자가 된 기분이야."

"아인슈타인은 '위인은 항상 범인의 반대에 부딪혀 왔다'라고 말했어. 네가 점차 평범함을 넘어서고 있다는 증거일 수도 있지. 그럴 땐 주변 사람들을 멀리하는 것도 하나의 방법이야. 회사에 있으면 보고 싶지 않아도 봐야만 하는 사람들도 있으니까."

"지금 퇴사를 하면 실업 급여도 받을 수 있고, 퇴직금도 꽤 될 거야. 그 돈을 가지고 투자에 집중한다면 성과는 훨씬 더 좋을 것 같아. 어떻게 생각해?"

"그 방법도 좋아. 하지만 지금은 조금 이르다는 생각도 드네. 네 월세만으로는 아직 경제적으로 안정되지는 않았잖아."

"조금 아껴서 살면 괜찮지 않을까? 아내도 어느 정도는 동의했거든. 처음에는 반대가 심했지만 월세가 들어오는 걸 보고 생각이 달라지더라고."

"왜 갑자기 퇴사 생각이 드는 거야?"

"최근에는 회사에 있으면 시간이 아깝다는 생각이 많이 들어. 예전에는 회사에서 할 일이 없는 날 기분이 좋았거든. 자리만 지키고 앉아만 있으면 월급을 주니까. 공짜로 돈을 번다는 생각까지 들었어. 그것보다 신나는 일이 없었지. 그런데 요즘은 삶을 낭비하고 있다는 생각이 들어."

"그럴 수 있지. 그런데 퇴사하면 무엇을 할지는 생각해 봤어?"

"예전부터 쓰고 싶었던 소설을 써 보려고. 근사하지 않아? 베스트셀러 작가가 된다는 거. 퇴사하면 투자와 글쓰기에 집중할 수 있을 것 같아. 그러면 결과도 빨리 나올 수 있을 것 같고."

"네 말도 맞아. 그런데 이왕이면 회사를 다니면서 겸업으로 글을 써 봤으면 좋겠어. 네가 조금만 부지런하게 계획하면 어려운 것도 아닐 것 같거든. 하고 싶은 일을 하면서 산다는 것의 전제 조건은 경제적으로 안정된 환경이야. 그래야 잘해야 한다는 압박감과 중압감에서 벗어날 수 있어."

"긍정적으로 잘 된다고 생각하는 게 좋지 않을까?"

"물론이지. 하지만 비관적으로 세상을 점검해 볼 필요도 있거든. 일이 잘 풀리지 않았을 때, 계획대로 되지 않았을 때, 최악의 상황도 가정해 봐야 해. 항상 일이 잘 풀리고 성공한다는 보장은 없잖아. 그래서 나 또한 퇴사를 결정하기까지 고민이 많았어."

"역시 너도 쉽게 결정한 건 아니었구나. 그럼 어떻게 퇴사를 결정한 거야?"

"위대한 창업가들 역시 퇴사하기 전에 우리처럼 고민을 많이 했더라고. 그 사례를 참고하기로 했지."

"어떤 사례인데?"

"테슬라를 창업한 일론 머스크도 창업을 앞두고 1달러로 하루를 살아 보는 실험을 했대. 대형 마트에서 냉동 핫도그와 오렌지 30달러 어치를 사 왔고, 컴퓨터를 끼고 한 달 동안 매일 그것들만 먹고 생활했다는 거야. 사업이 잘 되지 않았을 경우 가난한 삶을 버틸 수 있을지 실험해 본 거지."

"그렇게 대단한 사람도 두려움이 있었나 보다."

"그런데 한 달을 지내 보니 살만 했대. 그리고 망하더라도 한 달에 30달러는 벌 수 있을 거란 마음으로 사업을 시작했대. 우리가 투자하는 오래된 빌라도 잠재적인 위험은 존재해. 공실이 생길 수 있고, 세입자가 월세를 밀릴 수도 있어. 그리고 낡은 집이기 때문에 잠재적으로 수리비가 지속적으로 들 수 있어. 그 기간을 유연하게 기다리려면 어느 정도의 여유 있는 수입이 있어야 해."

"네 말이 맞는 것 같다. 얼마 전에 세입자한테서 보일러가 고장났다고 연락이 와서 목돈이 들긴 했어. 그때 월세만 있었다면 생활이 힘들었을 것 같아."

"그럴 때 회사 월급이라는 파이프라인이 큰 힘이 되지. 펜실베니아 대학교 와튼 스쿨의 애덤 그랜트 교수가 쓴 『오리지널스』라는 책을 보면 이와 비슷한 일화가 나와. 이베이를 창업한 피에르 오미다이

어는 수입이 월급보다 많아지고 나서야 직장을 그만두었대. 나이키를 창업한 전직 육상 선수인 필 나이트는 1964년에 자동차 트렁크에 러닝슈즈를 싣고 다니면서 팔기 시작했지만, 1969년까지 본업인 회계사 일을 계속했어. 애플 I 컴퓨터를 발명한 후 스티브 워즈니악은 1976년에 스티브 잡스와 함께 창업했지만, 1977년까지 본래 다니던 직장인 휴렛팩커드에서 엔지니어로 계속 일했고. 구글 창립자 래리 페이지와 세르게이 브린은 1996년에 인터넷 검색 기능을 획기적으로 향상하는 방법을 알아냈지만, 1998년이 되어서야 다니던 스탠퍼드 대학원 과정을 휴학했다고 해. 그리고 래리 페이지는 한 인터뷰에서 '구글을 창업하지 못할 뻔했어요. 박사 과정을 포기하게 될까 두려웠던 거죠'라고 말했다는 거야."

"네 이야기를 들어 보니까 오히려 마음은 편안해진다. 너도 그렇고 위대한 사람들 역시 두려움을 느꼈다고 하니 위안이 되는 것 같고. 내가 성급했다는 생각도 들어. 조금 더 준비를 하는 게 좋을 것 같아."

"퇴사하지 말라는 말은 아니야, 영훈아. 시기를 조금 미뤄도 좋겠다는 거지. 퇴사를 생각해 볼 시기는 월세가 회사의 월급을 넘어서는 순간이야."

"그때가 되면 생각이 조금 달라지겠지?"

"그 시기는 생각보다 금방 올 거고. 그때가 되면 분명히 고민은 또 할 거야. 나는 네가 퇴사를 하고 멋진 글을 쓰는 사람이 될 거라고 생각해. 네가 보통 사람이 아닌 걸 알고 있거든. 보통 사람과 위대한 사람의 차이는 단 하나뿐이야. 행동하는가 그렇지 않은가. 보통 사람들은 여러 가지 상황에 핑계를 대고 행동하지 않아. 위대한 사람들은 불편한 요소가 있음에도 불구하고 용기를 내서 행동하지. 나중에 정말로 퇴사할 때 안정적인 수입도 필요하겠지만 무엇보다 용기가 필요할 거야."

Chapter 05

자신만의
열쇠를 들고 그에 맞는
문을 찾아라

용기

생활 양식을 바꾸려고 할 때는 용기가 있어야 한다. 대출받아 낡은 집을 구매할 때도 용기가 필요했다. 퇴사하는 것도 용기가 있어야 한다. 용기를 내기 전에 항상 두 가지 사이에서 갈등한다. 변한다는 건 불안을 선택하는 일이다. 변하지 않는다는 건 불만을 선택하는 것이다. 사람들은 보통 불만을 선택한다. 그게 훨씬 더 편하기 때문이다.

"김영훈 대리, 오랜만에 커피 한잔하자. 옥상으로 올라와 봐. 긴히 할 이야기가 있어."

우리는 말없이 복도 계단을 오른다. 오늘따라 왠지 계단이 높아 보인다.

"지난번에 말한 투자는 어떻게 됐어?"

"네? 아 오래된 빌라요? 차장님 말씀 듣고 포기하기로 했어요."

솔직히 말하지 않기로 했다. 회사에서 굳이 투자 이야기는 하지 않는다. 상대방을 바꾸려 하지 않으니까. 차라리 나 자신이 바뀌는 게 빠르고 편하다.

"그래 잘했어. 내가 부동산 투자에는 일가견이 있는 거 알지? 괜찮은 매물 있으면 추천해 줄게."

"네. 감사해요. 정 차장님. 그런데 할 이야기가 어떤 거예요?"

"요즘 회사 생활은 어떤 것 같아?"

"조금 답답한 부분이 있죠. 회사 상황은 나아질 기미가 보이지 않고요."

"회사 사장이 눈치를 챈 것 같아."

"어떤 부분을요?"

"격일 근무만으로도 회사가 잘 굴러간다는 걸 알게 된 거야. 직원들에게 절반의 돈을 주어도 과거와 비슷한 성과가 난다는 사실을 알게 된 거지. 회사 사정이 나아지더라도 원래대로 돌아가긴 쉽지 않을 것 같아."

"그런 것 같아요. 생각해 보니 격일 근무를 시작한 지 거의 1년이 지났네요. 모두들 반씩 근무하는 데 익숙해진 것 같아요."

"그러니까 말이야. 이제 이 회사는 희망이 없어. 참, 최근에 김 전무님 이야기 들었어?"

"퇴직하신 김 전무님이요? 못 들었어요."

"업계 1위 회사에 임원으로 가셨대."

"멋지시네요. 역시 능력이 좋으시니까 결국 더 좋은 곳으로 가셨군요."

"김 전무님이 최근에 연락을 주셨어. 새로운 팀을 만들어야 해서 사람이 몇 명 필요하다고 말이야. 나랑 같이 그 회사에 옮기는 건 어때? 내가 널 추천했거든."

"저를요?"

"그래, 내가 널 특별히 아끼잖아. 굉장히 좋은 조건이야. 직급도 한 단계 올려서 과장으로 갈 수 있을 거야. 당연히 연봉도 훨씬 높아질 거고. 어때? 우리 자리는 이미 다 만들어 놓았대. 당장 내일이라도 출근하라고 말씀하셨어."

"너무 갑작스러운 것 같아요."

"뭐 당장 결정하라는 건 아니야. 하지만 시간은 많지 않아. 그 자리에 가겠다는 사람은 줄을 섰거든. 너도 알겠지만 요즘 같은 불경기에 그런 조건으로 회사를 옮기는 건 쉽지 않아. 작은 회사도 아니고 업계 1위잖아."

업계 1위. 그 회사는 요즘 잘 나간다. 건설 쪽에 근무하는 사람이라면 누구나 한 번쯤 꿈꾸는 회사다. 연봉도 높고 회사 복지도 좋다. 본인과 가족의 병원비도 지원해 준다. 자녀의 대학 학자금을 지원해 주는 건 기본이다. 회사 안에 모든 편의시설이 있다. 헬스장, 수영장, 실내 골프 연습장, 직원들을 위한 미용실까지 있다. 거기에 드는 모든 비용은 회사가 지원해 준다. 너무나도 달콤한 유혹이다. 갑자기 과거의 불안함이 떠오른다.

"거기 일은 좀 많겠죠?"

"지금 일 많은 게 걱정이야? 격일 근무만 하더니 많이 약해졌네.

인력을 충원하는 건 일손이 부족하니까 그런 거 아니겠어? 프로젝트를 시작하는 팀이니까 처음에는 조금 바쁠 거야. 하지만 그것도 한때 뿐이잖아."

회사에 갓 입사했을 때 윗사람들의 무용담이 기억난다. 프로젝트를 시작하면 여름에 출근했다가 겨울에 퇴근했다는 둥 밤새는 건 기본이고 아내가 출산하는 날에도 본인은 회사에서 야근하고 있었다는 등의 이야기였다. 갑자기 먹먹함이 밀려온다. 창살은 없지만 감옥 같은 생활. 하지만 격일 근무로 이제 그런 일은 벌어지지 않는다. 월급은 줄었지만 삶은 질은 분명히 올라간다. 아내와 시간도 많이 보낸다. 글을 쓸 시간도 있다. 부동산 투자를 할 시간도 있다.

"하여간 오늘 업무 시간 끝나기 전까지 답을 줘. 김 전무님도 많이 급하신 것 같아."

"이따가 점심 시간에 아내와 전화로 상의 좀 해 볼게요."

가슴 한편에는 지금의 회사를 다니면서 부동산 투자와 글쓰기를 병행하고 싶은 마음이 있다. 그러기 위해서는 지금 회사보다 좋은 조건을 찾기 어렵다. 또 한쪽에는 사람들이 부러워하는 완벽한 회사로 옮기고 싶어 하는 마음도 있다. 두 마음이 싸우는 중에 편두통이 찾아온다. 고민이 된다. A4용지 한 장을 꺼낸다. 종이 한가운데 세로로 줄을 긋는다. 왼쪽에는 이직했을 때의 장점을, 오른쪽에는 이직하지 않았을 때의 장점을 적는다.

● **옮길 때 장점**

1. 급여가 올라간다.

2. 회사 복지가 좋다.

3. 가족들이 자랑스러워한다.

4. 사람들에게 자랑하기 좋다.

● **남을 때 장점**

1. 투자를 할 수 있다.

2. 글쓰기를 할 수 있다.

...

더 이상 생각나지 않는다. 그리고 무게를 잰다. 회사를 옮길 때 장점이 많다. 현명한 사람이라면 장점이 더 많은 이직을 하는 게 낫다. 머리로는 옮기라고 말한다. 가슴은 남아 있으라고 말한다. 사회적인 욕망은 좋은 회사를 선택하라고 말한다. 자유를 향한 갈망은 떠나지 말라고 한다. 결국엔 선택한다. 나는 그 명령에 따르기로 한다.

...

선택

"영훈아, 잘 지냈어? 거의 몇 달 만에 카페에서 보는 것 같다. 이젠 내 도움 없이 혼자서도 잘하는 것 같은데?"

"아니야. 아직 멀었어, 이준아. 고민스러울 때마다 너와 상의하고 싶다는 유혹을 느끼는데 혼자 해결해 보려고 노력하고 있어."

"그래. 네게 전달하고 싶었던 게 홀로 서는 방법이야. 가정 교육은 아이가 홀로 설 수 있게 도와주는 것이고, 학교 교육도 학생이 사회에서 스스로 살아갈 수 있게 도와주는 거잖아. 내가 만든 수업 역시 네가 혼자 월세를 만들 수 있도록 도와주는 거야. 그런데 너를 보니까 안심이 된다."

"교육은 결국 독립이었네."

"그렇지. 지난번에 이직 고민하던 건 어떻게 됐어?"

"고민 끝에 결국 다니던 회사에 남기로 했어."

"그랬구나. 제안받은 회사는 네가 가고 싶어 했던 회사였잖아."

"그건 그렇지. 잘한 선택인지 모르겠어. 주변 사람들 역시 제정신이냐고 말해. 정 차장님은 나보고 바보 같은 놈이라고 말하고. 남들은 가고 싶어도 못가는 회사를 포기하는 거냐고 하기도 하고, 그런 기회는 두 번 다시 오기 쉽지 않다고도 해."

"쉽지 않은 선택을 했네."

"그런데 말이야, 이준아. 한편으로는 주변 사람들이 이해가 되지 않아. 삶의 끝은 죽음이잖아. 사람은 누구나 언젠가는 죽는단 말이야. 하지만 우리는 죽음을 생각하면서 살아가지 않지. 영원히 살 것처럼 행동하고 살아가는 것 같아."

"맞는 말이야. 나도 그런 생각을 많이 해."

"끝을 생각하고 사는 사람과 생각하지 않고 살아가는 사람은 행동과 선택의 차이가 있을 거야. 이런 것처럼 회사의 '끝', 퇴사를 생각하고 살아가는 사람과 영원히 회사를 다닐 거라고 생각하는 사람과는 차이가 명확하겠지. 누구나 퇴사는 한 번 하는 거잖아. 어떤 사람은 이른 나이에 직장을 그만둘 수도 있고, 어떤 사람은 60세가 다 돼서 정년에 퇴직할 수 있어. 그런데 대부분은 후자를 생각하고 어떻게든 오래 회사 생활을 하려고 하는 것 같아. 우리가 100세까지 산다고 하고 60세에 퇴직을 한다면 아직 40년을 더 살아야 하잖아. 그런데 그 나이에 뭔가를 시작하는 건 두렵다는 생각이 들더라. 내가 퇴사하는 건 언제일지 모르지만 '회사의 끝'을 생각하면서 준비하는 건 지금 회사가 더 낫다는 생각이 들었어. 분명히 지금 회사는 내 시간을 많이 가질 수 있으니까."

"맞아. 사람들은 '어떻게든 되겠지'라는 생각으로 미루는 경향도 있는 것 같아."

"얼마 전에 면허를 딴 아내의 운전 연수를 도와주면서 문득 생각했어. 운전할 때 가장 중요한 건 멀리 보는 거잖아. 하지만 초보들은 멀리 볼 수가 없어. 불안하니까 가까운 곳만 바라보는 거지. 너도 잘 알겠지만 그런 상태로는 100미터를 가는 것도 위태로워. 그래서 운전할 때처럼 삶 역시 멀리 보기로 했지. 그리고 가끔은 백미러로 뒤도 보고 말이야."

"그랬더니 보이는 게 있어?"

"그렇게 과거를 돌아보니 인생에 안 좋은 일처럼 보인 것도 결국 좋은 일이었다는 생각이 들더라고. 회사의 월급 삭감 덕분에 나는 월세를 만들 수 있었어. 그리고 그동안 미뤄 왔던 글쓰기도 할 수 있게 됐고. 그렇다면 과연 그 일이 나에게 좋지 않은 일이었을까 싶은 생각이 들더라. 그런 일이 없었으면 나는 아직도 더 좋은 회사와 더 높은 급여를 주는 회사만 찾고 있었을 테니까."

"그렇다면 오히려 행운이라는 생각도 드는데?"

"맞아. 그럴 수도 있겠다. 그리고 또 생각한 게 있어. 삶을 멀리 보니 회사 다니는 일은 똑같은 것 같아. 어떤 사람은 부잣집에서 일하고 어떤 사람은 재벌집에서 일하고 어떤 사람은 국가를 위해 일하는 것뿐이니까. 그들을 위해 육체적인 노동 혹은 정신적인 노동을 파는 거지. 돈을 받는 정도의 차이만 있을 뿐 자신의 시간을 판다는 건 완전히 같잖아. 그러고 보니까 더 좋은 회사로 이직하지 않은게 잘한 결정이라는 생각이 들었어."

"네가 한 행동은 다수의 선택이 아닌 건 분명해."

"맞아. 그 말이 생각났어. 네가 자주 말했잖아. '다수가 아닌, 오직 소수만이 부자가 될 수 있다. 따라서 부자의 선택은 소수가 하는 행동에 더 가까울 수 있다'라고 했던 것이 기억나. 내 선택은 분명히 다수가 하는 행동은 아닐 거라는 생각이 들었거든. 그렇게 생각하니까 희열감 같은 것도 생기더라고. 이제 더 이상 나 자신을 희생하지 않고 나와 가족을 위해 시간을 쓰기로 마음먹었어. 물론 아직은 내 시간 전부를 사용하지는 못할 거야. 조금 더 준비해야겠지. 하지만 시간을 파는 비율을 점차 줄여 나간다면 나도 너와 같이 하고 싶은 일만 하면서 살아갈 수 있다고 생각해."

"물론이지. 회사에서 아낀 시간을 투자에 쓰면 되지. 요즘 부동산 투자는 어떻게 하고 있어?"

"큰마음 먹고 퇴직금 중간 정산을 받았지. 그 돈으로 오래된 빌라 두 채를 더 구입했고. 이제 월세 순수입은 150만 원 정도 돼. 드디어 절반으로 깎였던 월급이 정상화 됐어."

"대단하다. 영훈아. 그 현금 흐름은 회사가 만들어 준 게 아니라 네가 만들어 냈다는 점에서 의미가 크다고 생각해."

"당장 달라지는 건 없지만 조금씩 삶이 나아지고 있다는 희망이 있어. 무엇보다 스스로 월세 시스템을 만들 수 있다는 자신감이 생겨서 좋아. 지금은 빌라가 6채밖에 없지만, 네가 30채 이상을 갖고 모두 월세를 받고 있다는 점을 생각하면 나 역시 계속 낡은 빌라를 모아 갈 수 있을 것 같아."

"맞아. 이제는 같은 방법으로 반복하기만 하면 돼. 그러면 어느샌가 경제적으로 자유로운 삶에 도달할 수 있을 거야."

"고맙다. 빨리 그날이 왔으면 좋겠다."

너무 서두를 필요는 없다. 속도는 중요하지 않다. 방향이 중요하다. 투자를 시작하고 일이 잘 풀린다. 일이 잘 풀리는 이유는 외부 상황이 달라졌기 때문이 아니다. 외부 상황을 바라보는 내 생각이 달라졌기 때문이다. 생각이 달라지면 말이 달라진다. 말이 달라지면 행동이 달라지고 행동이 달라지면 결과가 달라진다. 앞으로 어떠한 일이 벌어질지 모르지만 예측하지 않고 받아들이고 대응하기로 한다. 세상이라는 물살에 역행하지 않고 방향에 맞춰서 살아가면 된다. 그러면 내가 생각하는 목적지에 자연스럽게 도달한다. 지금처럼 하면 된다. 나는 잘하고 있다.